高等职业教育创新型系列教材

# 财务大数据分析与实务

主　编　马　娱　孙　燕
副主编　彭城瀚　姚　哲　黄婷婷
主　审　沈凤池

北京理工大学出版社
BEIJING INSTITUTE OF TECHNOLOGY PRESS

版权专有　侵权必究

### 图书在版编目（CIP）数据

财务大数据分析与实务 / 马娱，孙燕主编． --北京：北京理工大学出版社，2022.7（2022.8 重印）

ISBN 978-7-5763-1475-5

Ⅰ．①财… Ⅱ．①马… ②孙… Ⅲ．①财务管理—数据处理—高等学校—教材 Ⅳ．①F275

中国版本图书馆 CIP 数据核字（2022）第 118403 号

---

| | |
|---|---|
| 出版发行 / | 北京理工大学出版社有限责任公司 |
| 社　　址 / | 北京市海淀区中关村南大街 5 号 |
| 邮　　编 / | 100081 |
| 电　　话 / | （010）68914775（总编室） |
| | （010）82562903（教材售后服务热线） |
| | （010）68944723（其他图书服务热线） |
| 网　　址 / | http：//www.bitpress.com.cn |
| 经　　销 / | 全国各地新华书店 |
| 印　　刷 / | 唐山富达印务有限公司 |
| 开　　本 / | 710 毫米 × 1000 毫米　1/16 |
| 印　　张 / | 13.25 | 责任编辑 / 王俊洁 |
| 字　　数 / | 224 千字 | 文案编辑 / 王俊洁 |
| 版　　次 / | 2022 年 7 月第 1 版　2022 年 8 月第 2 次印刷 | 责任校对 / 周瑞红 |
| 定　　价 / | 39.80 元 | 责任印制 / 施胜娟 |

图书出现印装质量问题，请拨打售后服务热线，本社负责调换

# 前　言

随着大数据技术、人工智能、云计算等新一代信息技术的快速发展，我国已经进入"数智"时代。各行各业都面临着数字化转型，作为企业财务人员，具备财务大数据采集、分析、可视化的能力，以及利用大数据进行综合决策的能力显得十分必要与紧迫。在坚持能力本位思想的指引下，本书正是高职院校大数据与会计专业数字化转型，积极进行课程创新的产物。本书以理论与实践相结合的方式，旨在通过对财务大数据理论的认知和案例的分析来培养学生的数字化思维方式，提高学生的数据分析能力和管理决策能力。

本书共分为六个项目，包括财务大数据认知、财务大数据工具应用、营运数据分析、投资数据分析、财务报表分析和财务大数据分析报告。全书内容主要分为三部分：第一部分介绍财务大数据理论基础；第二部分介绍数据分析常用工具，包括 Python、Power BI、八爪鱼、Tableau、Excel 等；第三部分以任务为导向，通过案例让学生熟练掌握利用 Excel 对财务数据进行处理和分析的方法。

本书主要特色如下：

### 1. 理实一体，任务驱动

本书采用"项目 + 任务"的教学思路，将知识点划分为具体的任务，并通过大量的案例操作和分析，让学生真正掌握财务大数据分析的理论基础与实操技巧，真正实现理论与实践融合。

### 2. 图解教学、直观易懂

本书采用图解教学的方法，针对每个实操案例，以图析文，让学生更直观、更清晰地掌握财务大数据分析的过程，提升学习的效率。

### 3. 资源丰富，利教便学

本书配有智慧职教平台的在线开放课程，同时为了方便学习，书中配有信息化、立体化的学习资源，以及 PPT 课件、教案、课程标准等教学资源。

本书由浙江舟山群岛新区旅游与健康学院马娱、孙燕任主编，彭城瀚、姚哲、黄婷婷（国机资本控股有限公司）任副主编，沈凤池教授主审。具体分工如下：孙燕编写项目一；彭城瀚编写项目二和项目四；马娱编写项目三和项目五；姚哲、黄婷婷编写项目六。马娱负责全书统稿工作。

本书在编写过程中得到了沈凤池教授的悉心指导，并得到多位专家与教师的支持与帮助，深圳视界信息技术有限公司、重庆翰海睿智大数据科技股份有限公司和杭州赢动教育咨询有限公司为本教材的编写提供了资源，在此表示衷心感谢。限于编者水平，书中若有不当之处，敬请广大读者批评指正。

编　者

# 目 录

## 项目一　财务大数据认知 …………………………………………………（ 1 ）
### 任务一　大数据的认知 …………………………………………………（ 2 ）
　　子任务一　大数据概念 ………………………………………………（ 2 ）
　　子任务二　大数据的潜在价值 ………………………………………（ 6 ）
### 任务二　大数据对财务影响的认知 ……………………………………（ 8 ）
　　子任务一　财务共享服务 ……………………………………………（ 8 ）
　　子任务二　智能财务共享 ……………………………………………（ 9 ）
### 任务三　财务大数据分析认知 …………………………………………（ 11 ）
　　子任务一　财务大数据分析基本条件 ………………………………（ 11 ）
　　子任务二　分析思路与常用分析方法 ………………………………（ 12 ）
　　子任务三　财务大数据分析流程 ……………………………………（ 14 ）

## 项目二　财务大数据工具应用 …………………………………………（ 27 ）
### 任务一　Python 的基本功能及应用 ……………………………………（ 28 ）
　　子任务一　Python 数据采集功能应用 ………………………………（ 30 ）
　　子任务二　Python 数据分析功能应用 ………………………………（ 35 ）
### 任务二　Excel 高级功能应用 ……………………………………………（ 38 ）
　　子任务一　Excel 数据整理功能 ……………………………………（ 39 ）
　　子任务二　Excel 数据分析功能 ……………………………………（ 41 ）
　　子任务三　Excel 数据可视化功能应用 ……………………………（ 45 ）
### 任务三　其他工具运用 …………………………………………………（ 50 ）
　　子任务一　智能采集工具八爪鱼 ……………………………………（ 50 ）
　　子任务二　可视化软件 Tableau 的应用 ……………………………（ 59 ）
　　子任务三　商业智能工具 Power BI 的应用 ………………………（ 65 ）

## 项目三　营运数据分析 …………………………………………………（ 72 ）
### 任务一　产品成本数据分析 ……………………………………………（ 73 ）
　　子任务一　产品成本结构分析 ………………………………………（ 73 ）

子任务二　生产成本及产量相关性分析 …………………………（ 76 ）
　任务二　产品销售数据分析 ……………………………………………（ 79 ）
　　　子任务一　广告投入对销售额影响分析 …………………………（ 79 ）
　　　子任务二　销售额及增长率分析 …………………………………（ 90 ）
　　　子任务三　帕累托法销售数据分析 ………………………………（ 94 ）
　　　子任务四　动态销售数据分析 ……………………………………（ 99 ）

## 项目四　投资数据分析 …………………………………………………（105）

　任务一　投资项目评价 …………………………………………………（106）
　　　子任务一　净现值分析 ……………………………………………（106）
　　　子任务二　投资回收期分析 ………………………………………（109）
　　　子任务三　投资收益分析 …………………………………………（112）
　任务二　盈亏平衡分析 …………………………………………………（116）
　　　子任务一　混合成本模型分析 ……………………………………（116）
　　　子任务二　本量利分析 ……………………………………………（120）
　　　子任务三　动态盈亏平衡图 ………………………………………（123）

## 项目五　财务报表分析 …………………………………………………（128）

　任务一　财务报表分析 …………………………………………………（129）
　　　子任务一　资产结构分析 …………………………………………（129）
　　　子任务二　利润表分析 ……………………………………………（136）
　　　子任务三　现金流量表分析 ………………………………………（148）
　任务二　财务指标分析 …………………………………………………（158）
　　　子任务一　财务指标分析系统 ……………………………………（158）
　　　子任务二　财务比较分析 …………………………………………（164）
　　　子任务三　财务趋势分析 …………………………………………（168）
　　　子任务四　杜邦分析体系 …………………………………………（176）

## 项目六　财务大数据分析报告 …………………………………………（183）

　任务一　数据分析报告概述 ……………………………………………（184）
　　　子任务一　数据分析报告的写作要求 ……………………………（184）
　　　子任务二　数据分析报告的类型和作用 …………………………（185）
　　　子任务三　数据分析报告的结构 …………………………………（188）
　任务二　数据分析报告案例 ……………………………………………（194）
　　　子任务一　徐工机械2020年三季度现金流量报告 ………………（194）
　　　子任务二　浙江省新设企业数据分析报告 ………………………（198）

## 参考文献 …………………………………………………………………（203）

# 项目一

# 财务大数据认知

当前,以云计算、大数据、人工智能、物联网等科学技术为标志的第四次工业革命悄然来临,信息技术越来越有"通用目的技术"的特征,大数据也越来越受到人们的重视,且已成为企业的重要战略资源。在信息技术等现代化科学技术的推动下,各个领域的数据已经形成了针对性较强的数据应用形式。

同时,云会计、财务共享服务中心的建设、管理会计信息化逐渐显现出其优势,会计的职能发生了巨大的变化。数字化转型已经与会计职能转型紧密相连,管理会计信息化已成为会计信息化发展的主要趋势。而有效的数据应用分析对于提升企业经营管理能力与管理效益具有重要的现实意义,更是当代企业提高财务管理效益的重要途径。

作为一名大数据与会计专业的学生,为更好地适应财务数字化转型,应深入了解财务大数据的基础知识。

### 思政目标

1. 培养学生用大数据解决问题的思维
2. 培养学生的数据品德,使学生树立正确的数据价值观

### 知识目标

1. 了解大数据的概念与特征
2. 理解大数据对财务的影响

3. 掌握财务大数据分析的思路
4. 掌握财务大数据分析的流程

**技能目标**

1. 能够对财务大数据有全新的认识
2. 能够熟练运用财务大数据知识，为财务大数据分析做好相关准备

## 任务一　大数据的认知

### 子任务一　大数据概念

#### 一、概念

互联网、移动互联网、物联网、云计算的快速兴起，以及移动智能终端的快速发展，使得当前数据增长的速度比人类社会以往任何时候都要快，数据规模变得越来越大，内容越来越复杂，更新速度越来越快，数据特征的演化和发展催生出了一个新的概念——大数据。

最早引用的所谓大数据概念，可以追溯到 Apache（阿帕奇）公司的开源项目 Nutch。当时，人们把大数据描述为用来更新网络搜索索引以及需要同时进行批量处理和分析的大量数据集。早在 1980 年，著名的未来学家阿尔文·托夫勒在《第三次浪潮》这本书中，就极力赞扬大数据为"第三次浪潮的华彩乐章"。从 2009 年开始，"大数据"才成为 IT 行业的流行词汇。根据美国互联网数据中心的数据，互联网上的数据每年会呈现 50% 的增长，即每两年就会翻一番。而实际上，世界上 90% 以上的数据都是最近几年才产生的。除此之外，数据又并非单纯指人们在互联网上发布的信息，全世界的工业设备、交通工具、生活电器、移动终端上都有着无数的数码传感器，随着测量和传递的有关位置、运动、震动、温度、湿度乃至空气中化学物质的变化情况，也就产生了海量的数据信息。

所谓大数据，没有比较公认的说法。大数据本身是一个比较抽象的概念，单从字面来看，它表示数据规模的庞大。但是仅仅数量上的庞大无法看出大数据这一概念和以往的海量数据、超大规模数据等概念之间有何区别。针对大数据，目前存在多种不同的理解和定义。

在《促进大数据发展行动纲要》（国发〔2015〕50 号）中指出，大数

据以容量大、类型多、存取速度快、应用价值高为主要特征的数据集合。

研究机构 Gartner（高德纳咨询公司）认为：大数据是需要新处理模式才能具有更强的决策力、洞察发现力和流程优化能力的海量、高增长率和多样化的信息资产。

麦肯锡的定义为：大数据是指在一定时间内无法用传统数据库软件工具采集、存储、管理和分析其内容的数据集合。

国际数据公司对大数据做出的定义为：大数据一般会设计两种或两种以上的数据形式。它要收集超过 100TB 的数据，并且是高速、实时的数据流，或者是从小数据开始，但数据量每年会增长 60% 以上数据流。

知识拓展：数据的来源

## 二、特征

《大数据白皮书（2014 年）》中提出，大数据是具有体量大、结构多样、时效性强等特征的数据；处理大数据需采用新型计算架构和智能算法等新技术；大数据的应用强调新的理念应用并辅助决策，发现新的知识，更强调在线闭环的业务流程优化。

在大数据时代，任何微小的数据都可能产生不可思议的价值。关于大数据的特征，国际数据公司（IDC）将其归为 4 个"V"，分别为：大量（Volume）、多样（Variety）、高速（Velocity）、价值（Value）。

### （一）大量

大数据的特征首先就体现为"大"，大量是最被人们所认知、所公认的一个特征，也是随着人力信息化技术不断发展所必然呈现出来的结果。

从最早的 Map3 时代开始，一个小小的 MB 级别的 Map3 就可以满足很多人的需求，然而随着时间的推移，存储单位从过去的 GB 到 TB，乃至现在的 PB、EB 级别。只有数据体量达到了 PB 级别以上，才能称为大数据。1PB 等于 1024TB，1TB 等于 1024G，那么 1PB 等于 1024×1024 个 G 的数据。

随着信息技术的高速发展，数据开始爆发性增长。据统计，2020 年全球数据总量为 44ZB，从 1986 年开始到 2020 年的 30 多年时间里，全球的总数据量增长了 150 倍。而据预测，2025 年全球数据总量将达到 175ZB，

**学习笔记**

显然，今后数据量的增长速度将更快，我们已生活在一个"数据爆炸"时代。

社交网络（微博、脸书）、社交软件（微信、QQ）、移动网络（5G）、各种智能工具和服务工具等，都成为数据的来源。淘宝网近4亿的会员每天产生的商品交易数据约20TB；脸书约10亿的用户每天产生的日志数据超过300TB。统计、分析、预测和实时处理如此大规模的数据，都需要智能的算法、强大的数据处理平台和新的数据处理技术。

知识拓展："大数据"不等于"多数据"

## （二）多样

如果只有单一的数据，那么这些数据就没有多少价值，比如只有单一的个人数据，或者单一的用户提交数据，这些数据还不能称为大数据。广泛的数据来源，决定了大数据形式的多样性。比如当前的上网用户中，年龄、学历、爱好、性格等每个人的特征都不一样，这就是大数据的多样性。如果扩展到全国，那么数据的多样性会更强，每个地区、每个时间段，都会存在各种各样的数据多样性。

从数据产生方式的几次改变就可以体会到数据类型跟随时代的变革。大型商业运营阶段产生的数据类型大多为传统的结构化数据，这些数据多为隐私性和安全性级别都非常高的商业、贸易、物流，及财务、保险、股票等的传统支柱行业数据。而互联网时代产生的数据类型大多为非结构化的电子商务交易数据、社交网络数据、图片定位数据，及商业智能报表、监控录像、卫星遥控数据等非结构优化和二维码像素数据。

任何形式的数据都可以产生作用，目前应用最广泛的就是推荐系统，如淘宝、网易云音乐、今日头条等，这些平台都会通过对用户的日志数据进行分析，从而进一步推荐用户喜欢的东西。日志数据是结构化明显的数据，还有一些数据结构化不明显，例如图片、音频、视频等，这些数据因果关系弱，就需要人工对其进行标注。

## （三）高速

通过算法对数据的逻辑处理速度非常快，1秒定律，可从各种类型的数据中快速获得高价值的信息，这一点也和传统的数据挖掘技术有着本质的不同。

大数据的产生非常迅速,主要通过互联网传输。生活中每个人都离不开互联网,也就是说,每个人每天都在向大数据提供大量的资料,并且这些数据是需要及时处理的,因为花费大量资本去存储作用较小的历史数据是非常不划算的。对于一个平台而言,也许保存的数据只有过去几天或者一个月之内,再远的数据就要及时清理,不然代价太大。基于这种情况,大数据对处理速度有非常严格的要求,服务器中大量的资源都用于处理和计算数据,很多平台都需要做到实时分析。数据无时无刻不在产生,谁的速度更快,谁就有优势。

### (四)价值

这是大数据的核心特征。在现实世界所产生的数据中,有价值的数据所占比例很小。价值密度的高低和数据总量的大小是成反比的,即数据价值密度越高,数据总量越小,数据价值密度越低,数据总量越大。

数据量级巨大,人们需要的有价值的数据资料和数据决策却难以得到,这就需要专业人员根据各自行业的需求,通过特定的技术手段和研究方法,在海量的价值密度极低的数据海洋里找到合适的数据集,经过具体可行的数据分析和挖掘方法得到可以利用的高价值密度的数据,以促进低价值密度数据的高价值信息提取,从而实现大数据的科学合理利用,并通过机器学习方法、人工智能方法或数据挖掘方法深度分析,发现新规律和新知识。

如果有1PB以上的全国所有20~35岁年轻人的上网数据,那么它自然就有了商业价值。比如通过分析这些数据,人们就可以知道这些人的爱好,进而指导产品的发展方向等。如果有了全国几百万病人的数据,根据这些数据进行分析,就能预测疾病的发生,这些都是大数据的价值。

大数据运用非常广泛,如运用于农业、金融、医疗等各个领域,从而最终达到改善社会治理、提高生产效率、推进科学研究的效果。

大数据已经成为过去几年中大部分行业的游戏规则,已逐步渗透到人们的日常生活中,并发挥着真正的价值。

### 三、分类

从数据关系上分,数据主要可分为结构化数据、非结构化数据和半结构化数据。

结构优化数据,是指在数据存储和数据处理过程中结构设计比较合理的数据,是用二维表结构来进行逻辑表达和实现的数据,主要通过关系型数据库进行存储和管理。目前大多数数据库都是结构化数据，自从 SQL (Structured Query Language) 被发明以来，结构化数据已经成为信息技术记录数据的标准，从而衍生了大量的数据处理软件。

非结构化数据，是指无法结构化的数据，不适合用数据库二维表来表现，包括所有格式的办公文档、XML、HTML、各类报表、图片、音频、视频信息等。

半结构化数据，是指一种适用于数据库集成的数据模型，适用于描述包含在两个或多个数据库中的数据。

## 子任务二 大数据的潜在价值

### 一、大数据加快了经济的快速发展

数据作为一种新型生产要素，是继土地、劳动力、资本之后，全球数字经济竞争的新赛道。数字经济时代，数据将成为未来最有价值的资源，是发展数据经济的重要基础，无论从事哪行哪业，都需要通过对数据资源的收集、整理、挖掘，来提升效率，变得更加智慧。

大数据经过数据采集、整合、处理和可视化等多个环境，形成了一个行业，可以让大数据和其他行业深入融合产生新的业态。数据作为一种生产资料，只有在流通中才能创造价值，数据若不能流通共享，则不利于数字经济新产业、新业态、新模式的形成和发展。作为资产、生产资料，深入应用于传统行业，可大大提高传统行业的运用效率，提升其竞争力。如大数据和农业结合，提供支持精细化耕作、健康养殖等方面的数据服务，加快了经济的快速发展。

### 二、大数据规整了行业规划和决策的精准化

在信息化来临之前，各行业的发展主要靠管理层的经验和资本运作来实现，这样的行业管理和决策严重受制于管理者的经验或管理者自身的需求，每一个管理者都只会根据自己的经验做出发展决策。虽然未来的发展会受到过去和人类经验的影响，但跨越式的变质却很难预知，过往的认知和经验只会阻碍未来的发展。而大数据对行业的未来具有一定的指导和预测作用。大数据可以给决策者提供行业发展的全面数据和图形呈现，并且可以结合特定的行业特征实现科学的预测和市场分析规划。

### 三、大数据增加了行业发展的公平和充沛的活力

大数据出现之前，行业的信息非常有限，行业的资本和市场被极度垄

断。历史上有名的资本垄断方式很大程度上都是因为行业信息被财团掌握和发布虚假信息造成的。通过垄断信息,财团不仅可以把社会大众拒之门外,还可通过自身掌握的一手的行业权威信息进行资本布局和行业规划,最后自然全盘掌握,使资本利益最大化。大数据的出现会最大限度地促进行业信息的实时对外披露。这样更加有利于大众创业的需求,极大地促进了社会的整体公平竞争,也为消费者带来了长足的利益,使行业市场竞争更加公平和透明。这在很大程度上带来了当今行业市场的高效和可持续发展。

### 四、大数据促进了信息技术产业与工业企业的深度融合

虽然信息时代已经到来,但目前各企事业单位还是会把传统部门如人事、财务、销售等部门单独分立出来;同时每个公司都有一个独立的IT部门,而一般IT部门多在处理各个其他传统部门内部联通和保证信息安全可靠的工作,这样,实际的信息技术只不过在企事业单位内部起到了一个边角的辅助功能。

而大数据的目的是促进企事业单位各个部门的信息化融合和统筹利用,实现整个部门信息的数据链共享,使企事业单位各个部门内部更加高效廉洁;同时为管理层和各部门内部的管理沟通铺路搭桥,促进整个行业整体的信息化和数字化融合,更加高效地利用整个行业大数据,利用整合数据优势为行业发展提供更加可靠、科学安全有用的数据服务信息。

### 五、大数据提升了企业自主创新发展能力

在大数据时代的今天,技术工作者可结合大数据提供的信息,更好地实现技术的规划和规整,为技术的创新和新应用的产生提供预测和数据支撑。大数据经过统筹处理,利用高效合理的数学算法,可以综合历史的、实时的及预测可行的数据进行技术统筹和创新领域分析,为技术工作者和行业领导者提供更加高效、精准的信息咨询和服务,并提供具有行业参考价值和前瞻预测性的综合的数据信息财富。

知识拓展:大数据时代,防控疫情需要"数战数决"

## 任务二 大数据对财务影响的认知

### 子任务一 财务共享服务

财务共享服务是互联网迅速发展产生的符合时代规律的产物,逐渐成为一种新型的财务领域的管理模式。财务共享服务在经历了第二次转型之后,随着信息技术的不断深入,其所融入的数字化、信息化技术也让财务共享变得更加可视和透明,利用平台中的数据和信息为企业下一步的经营决策提供重要的指导方向。

财务共享服务,是指利用当前技术含量较高的大数据化平台和云计算平台等前沿科技,以此来重新搭建自身财务运营体系和财务分析处理体系,并实现企业财务数字化和网络化的发展趋势,可以为财务工作的运转奠定坚实的基础,同时可以对其进行合理有效的规划。运用这一模式,可以有效地降低企业财务管理当中的工作投入比例,而且可以使数据传输的作用得到很好的发挥和体现,不仅能实现信息之间的互通、互享,还能体现企业对于财务管理新模式的价值需求;还可以提高和改善财务管理当中各个部门的组织结构,促进财务工作有序发展,为企业创造更多的价值。

从现今的市场表现来看,很多企业都选择将财务共享作为其财务管理模式创新的必要途径和方法。无论是个别企业还是整体企业,在其发展道路上,都需要相对应的管理模式和不断完善的服务水准。所以,首先要规范财务共享的模式,通过财务共享平台,使用其信息系统,一些部门工作和细节规范都可以得到保证,在此基础上也方便进行程序化管理。其次,财务共享要进行有效管控,企业管理层可以及时通过信息系统反映的信息,去调节和控制企业内部业务运转,处理其他经营情况。最后,财务共享要具有全面性和战略性,企业的领导层、决策层、管理层可通过此共享平台,全面地了解企业的财务管理情况,合理地开展税务筹划、预算工作和企业管理,也方便制定自身的战略规划,做出风险状况评估和分析。

因此,为适应经济全球化的趋势,建设财务共享中心是企业集团发展的必要条件。财务共享中心成功地将企业在不同地点的财务工作中标准化的、重复率高的、需要众多劳动力的基础会计核算工作独立出来,并将其转移到一个财务共享中心进行记账和报告。在财务共享中心的支持下,企业将各个模块的信息化系统搭建在统一的平台上,并且通过开放各个平台的端口,使得财务系统可以同时输出各业务模块的结果,避免了业务系统之间互不关联而造成的信息滞后。在集团层面，集团总部与子公司的数据在统一的平台上，这促使集团总部能以最快的速度获知子公司的经营情况，避免"信息孤岛"对集团造成的损害。

财务共享中心能够最大限度地实现信息共享，真正地将财务的控制职能发挥出来。而财务共享中心的建立打通了企业的各个环节，促使企业财务与业务融为一体，促进了企业的财务核算流程标准化，提升了财务工作的效率。财务共享中心的建立省去了处理繁杂重复工作的时间，促使财务人员进一步思考企业的财务战略、财务政策及专业的财务方案。财务人员还可以通过财务共享中心加强对企业的资金管理和完善内部控制，最终达到提高企业经济效益的效果。

目前，财务共享服务在企业财务管理领域的作用和优势逐步显现出来，它不仅可以跨越时间和空间上的差异，还可以节约企业的财务管理资源，促进其有效整合、相互联系、相互贯通、共同发展。我们要合理利用财务共享服务平台，发挥其独特的优势，对企业进行科学、有效的管理，这对企业长远、持续的发展而言，有着重要的意义和价值。

## 子任务二　智能财务共享

国务院发展中心在《数字化转型：发展与政策》一书中指出：人类从事经济活动的本质目的是要用最少的劳动获得最多的效益，这代表着经济社会发展的大方向，也正是人工智能技术与大数据结合的用武之地。数据在经济发展中的推动作用主要取决于能否从其中获得直接参与社会生产的价值部分，能否部分替代人类的脑力和体力劳动，这就是人工智能的核心任务。智能硬件和终端的发展将替代繁重和简单的人类体力劳动，智能算法的发展则将进一步替代人类的部分脑力劳动和复杂劳动，尽管目前人们还处于弱人工智能阶段，但长期来看，全面、深度智能化是数字经济发展的未来方向。

智能财务是一种新型的财务管理模式，它基于先进的财务管理理论、工具和方法，借助智能机器和人类财务专家共同组成的人机一体化混合智能系统，通过人和机器的有机合作，完成企业复杂的财务管理活动。

智能财务是财务工作在大数据新技术的加持下，借助人工智能等新技术，将业务与管理相融合，以更好地服务企业发展、提升财务组织价值的一种财务优化方向。智能财务转型是人工智能大背景对企业财务提出的硬性要求，是企业财务实现智能化转型的重要手段，企业财务应顺应时代的召唤，乘上智能化这一艘时代巨轮。

智能财务具有智能化、主动化等特点,可以及时供给与决议计划高度相关的信息并努力提高管理的价值。智能财务拥有去中心化的特点,这与传统形式下的财务管理有着实质的差别。过去必须由财务人员承担财务管理的任务、提供标准化的财务信息。在智能财务技术的支持下,系统自动抓取财务信息,并根据不同财务信息使用者的要求加工出定制化信息,实现了"私人定制"的效果。可以说,智能财务这一模式突破了时间、成本等因素的限制,能够快速抓取财务信息,极大地提高了企业财务事务的效力。

"财务机器人"就是人工智能技术在财务范畴内使用的一个模范代表。财务机器人并不是具有人身形状的机器人,其实质是软件系统在财务范围内的使用,可以大致地领会为"机器人流程自动化"的意思。财务机器人在企业中已得到了广泛的应用并且饱受好评,它可以取代财务方面大量的重复性、高频率、低附加值的烦琐工作,比如增值税发票真伪查询、对账等事项。财务机器人还可以做到 24 小时实时对具体的财务流程进行自动化监控和管理,它可以不知疲倦地工作,随时在软件后台逐条追寻记录,并且实时备份存盘,进一步增强了财务数据的安全性。财务机器人的应用还实现了数据处理及财务流程的优化。财务机器人可以实现跨平台同时执行多个任务的操作,比如在不同系统下完成各种数据的收集合并及整理、数据统计汇总和分析等工作,这进一步优化了财务工作的具体流程,提高了财务数据的准确性。

同时,在智能财务时代,很多基础性的财务岗位会消失,比如出纳岗、会计核算岗。智能财务也催生了很多新型的财务岗位,比如熟练运用大数据技术对市场情况和企业内部情况进行分析的大数据分析师,既懂技术又懂业务和财务的系统架构师,还有对企业至关重要的财务专家等。大数据分析师可以熟练地利用大数据技术把企业放到市场环境中做全面分析,将财务指标与业务指标、行业发展状况、宏观经济形势相联系,促使企业在激烈的市场竞争中生存并发展起来。财务专家是在企业的经营、财务、管理方案、战略等方面均有涉猎并且能够提供独特的综合性建议的新时代的智能财务人才。

在新时代,财务人员应当精进技能、保持学习、拓展知识,将自己训练成为某一方面的专家,以适应新时代对专家型人才的需求;要将自己培养成能动手、懂建构、会决策的新时代智能财务专家,实现传统财务向智能财务的转型。

# 任务三　财务大数据分析认知

## 子任务一　财务大数据分析基本条件

### 一、懂业务

懂业务是从事财务数据分析的重要前提。财务数据分析人员只有懂得所处企业的主营业务是什么、在行业中处于什么地位、企业有什么优势和不足、财务业务有哪些，才能有效获取和分析数据，为企业规避风险和创造价值。

财务数据分析人员应具备的首要条件是熟悉财务知识、财务业务和流程，否则分析结果只会孤立无援，没有太大的价值。

### 二、懂管理

在进行财务数据分析时，财务数据分析人员需要掌握企业管理的相关知识，判断和了解数据使用者的需求，熟悉财务数据的分析方法。

在获取相关财务数据后，首先需要知道获取的财务数据代表的是什么，比如资产、负债、净利润等；其次要知道这些数据意味着什么；再次要知道需要计算和分析哪些指标，如资产负债率、净资产利润率；最后计算出其他相关财务指标，通过分析财务指标查找财务趋势和风险。

以上分析都需要财务管理的相关知识，才能对财务数据分析结论提出有指导意义的分析建议。

### 三、懂分析

懂分析是掌握财务数据分析基本原理与一些有效的数据分析方法，并将其运用到实际工作中，以便能有效地开展数据分析。

从分析方法分类来看，主要有以下几类：

**1. 描述性数据分析**

描述性数据分析，也称初级数据分析，是指将分析中所得到的数据加以整理、归纳、简化或绘制图表，来描述和归纳数据的特征及变量之间的关系的一种最基本的数据分析方法。描述统计最常用的指标有平均数、中位数、方差、标准差、相关系数等。

**2. 探索性数据分析**

探索性数据分析是指对调查、观测所得到的一些杂乱无章的数据，通过作图、制表等形式，探索数据的结构和规律的一种数据分析方法。

**3. 验证性数据分析**

验证性数据分析是指通过数据分析对已经有事先假设的关系模型进行验证的一种数据分析方法，验证性数据分析侧重于已有假设的证实或证伪。

## 四、懂工具

数据分析方法是理论，数据分析工具就是实现数据分析方法理论的工具。面对越来越庞大的数据，仅依靠计算器不能真正实现分析，必须依靠强大的数据分析工具才能更好地帮助分析人员完成数据分析工作。

现今，越来越多的智能软件供应商推出数据分析和可视化工具，来应对各类企事业单位业务人员的大数据分析需求。如 Microsoft、Tableau、IBM、数说立方、数据观等。

## 子任务二 分析思路与常用分析方法

### 一、分析思路

#### （一）数据分析步骤

（1）了解财务数据分析的目的，即数据分析需求；
（2）获取财务分析的数据；
（3）整理财务分析的数据，如研究财务报表，删除无用或错误的数据；
（4）搭建财务数据模型，即建立数据报表之间的关联；
（5）展示财务分析结果，即图标可视化、财务报告等。

#### （二）数据分析注意事项

**1. 具备足够的数据**

足够的数据是数据分析的前提，没有足够的数据作支撑，得到的分析结果就可能有偏差。

**2. 具备全新的视角和分析思维**

数据分析遇到瓶颈时，需要有创新的视角和思维进行思考。

**3. 具备去粗取精的意识**

拥有海量数据时，要学会合理利用，去伪存真、由此及彼、由表及里，在繁杂的数据中发现其内在规律，得到准确的分析结果。

## 二、数据分析的方法

### （一）对比分析法

对比分析法，是分析中最常用的方法，又称为比较分析法，是通过指标的对比来反映事物数量上的差异和变化的一种方法。

对比分析法分为纵向对比、横向对比和预算对比。

纵向对比，指同一事物在时间维度上的对比，这种对比方法主要包含环比、同比和定基比。环比，指本期统计数据与上期进行比较；同比，指当年本期数据与上年本期数据进行比较；定基比，指与某个基点进行比较。

横向对比，指不同事物在固定时间上的对比，与同行业、同期业务数据进行对比，如不同用户等级在单价之间的差异。

预算对比，指实际数据和预算数据进行对比，找出分析的问题。

### （二）分组分析法

分组分析法，是指可按照多个维度将数据拆分为各种组合，并比较各组合之间差异的一种方法。其使用方法与对比分析法相似。

### （三）预测分析法

预测分析法，主要用于未知数据的判断和预测。可分为两种：一种是基于时间序列的预测，即根据指标值的变化与时间依存关系进行预测；另一种是回归预测，即根据指标之间互相影响的因果关系进行预测。

### （四）漏斗分析法

漏斗分析法，又称流程分析法，可对比各环节之间的转化率，就可分析某些流程出现的问题，以此寻找改善方案，最终提高整体的转化率，其目的是关注某事件在重要环节上的转化率。该方法在互联网行业使用尤为普遍。

### （五）AB 测试分析法

AB 测试分析法，实质上也是一种对比分析法，其更侧重于对比 AB 两组结构相似的样本，并挖掘各自的差异。

### （六）趋势分析法

趋势分析法，指分析数据发展的趋势，并预测出将来可能的发展结果，为制定运营目标及策略提供有效的依据。趋势分析法有回归分析、时间序列、决策树和神经网络等。

## 子任务三　财务大数据分析流程

### 一、大数据采集

#### （一）财务数据源

数据分析的前提是有数据,那么数据从哪里来的呢?数据分析的目的、行业不同,数据收集的渠道也不相同,通常来说有以下5个渠道:

**1. 内部数据库**

内部数据库是指企业、商家（包括各大中小型公司、事业单位和网店卖家等）自成立以来建立起的数据库。例如公司成立以来,会专门记录不同时间段产品的产量、销量和利润等数据；又比如,不同平台的卖家,都可以通过后台数据看到网店不同日期、不同产品的销售数据。

**2. 互联网数据**

当今是一个网络时代,很多网络平台会定期发布相关的数据统计。有效利用搜索引擎,可以快速收集数据,如金融业数据、房地产行业数据、舆情数据、电商数据。图1-3-1的互联网数据是针对2021年国货新消费调研报告中,关于无糖饮料及国货美妆品牌的市场占有率情况。

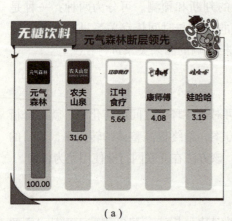
(a)

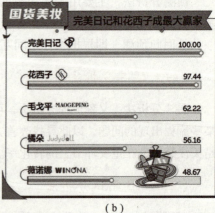
(b)

图1-3-1　互联网数据

**3. 出版物数据**

现在有许多出版物中都可以查找到相关的数据统计,如《中国统计年鉴》《中国社会统计年鉴》《世界发展报告》《世界经济年鉴》等统计类出版物。

#### 4. 市场调查数据

在统计数据时，如果经过网络、出版物等多方面查阅都无法收集到数据，可以利用市场调查的方式来进行统计，而且其统计的数据还可以保证时效性和真实性。市场调查需要利用科学系统的方式记录、收集和整理相关的市场数据，如可以采用问卷调查、观察调查、走访调查等形式。

#### 5. 购买数据

随着信息时代的到来，每日数据呈现爆发式增长，现在已经有很多专业的数据机构，可以提供各行业、各种类数据的获取服务。很多企业在进行数据分析时，为了节约时间成本，且保证数据的可靠性，会选择找专业机构购买数据。如图1-3-2所示为专门分析数据的网站"清博指数"中提供的全球主要云计算厂商营业利润及市场集中数据，用户付费后，可以看到更加详细具体的数据。

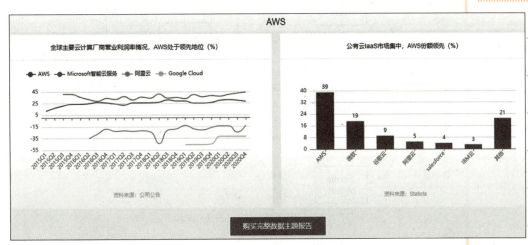

图1-3-2 购买数据

### （二）数据采集方法

数据采集就是用各种技术或手段，将数据收集起来并存储在某种设备上。数据采集处于大数据生命周期的第一阶段，之后的分析挖掘都建立在数据采集的基础上。

通过RFID射频、传感器、社交网络、移动互联网等方式可以获得各种类型的数据。这些数据具有数量大且杂的特点，因此需要采用专门针对大数据的采集方法。

#### 1. 日志收集系统

日志收集系统，就是将收集业务日志数据供离线和在线的分析系统使用。高可用性、高可靠性、可扩展性是日志收集系统所具有的基本特征。

1）Scribe

Scribe 是 Facebook 公司开源的日志收集系统，可以从各种日志源上收集日志，存储到一个中央存储系统，其可以是网络文件系统 NFS（Network File System）、分布式文件系统等，以便于进行集中的统计分析处理。

Scribe 接收 Thrift Agent 发送的数据，从各种数据源上收集数据，放到共享队列上，然后推送到后端的中央存储系统上。当中央存储系统出现故障时，Scribe 可以暂时把日志写到本地文件中，待中央存储系统恢复性能后，Scribe 再把本地日志续传到中央存储系统上。

Scribe 为日志的"分布式收集，统一处理"提供了一个可扩展的、高容错的方案。Scribe 架构如图 1-3-3 所示。

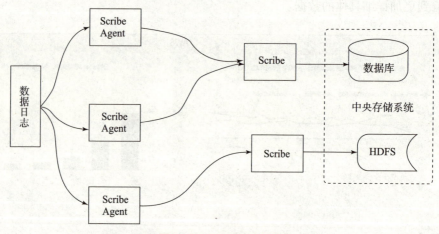

图 1-3-3 Scribe 架构

2）Chukwa

在数据生命周期的各个阶段，Chukwa 提供了一种对大数据日志类数据的采集、存储、分析和展示的全套解决方案和框架。

Chukwa 是一个开源的用于监控大型分布式系统的数据收集系统，可以用于监控大规模（2000 个以上节点，每天产生数据量在 TB 级别）Hadoop 集群的整体运行情况并对它们的日志进行分析，继承 Hadoop 的可伸缩性和健壮性。Chukwa 结构如图 1-3-4 所示。

3）Flume（水槽）

Flume 是 Cloudera 公司提供的分布式、高可靠和高可用的海量日志采集、聚合和传输的系统。Flume 支持在日志系统中定制各类数据发送方，用于收集数据；同时，Flume 能对数据进行简单处理，并写入各种数据接收方。

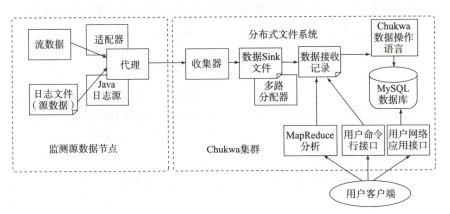

图 1-3-4　Chukwa 架构

Flume 运行的核心是 Agent。Flume 以 Agent 为最小的独立运行单位，一个 Agent 就是一个 JVM。每个 Agent 是一个完整的数据收集工具，并包含 3 个核心组件，如图 1-3-5 所示，一个 Agent 可以包含多个 Source、Channel 或 Sink。

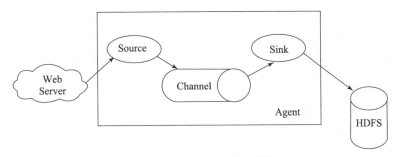

图 1-3-5　Flume 核心结构

Flume 使用事务性的方式保证传送事件整个过程的可靠性。Flume 提供了从 console（控制台）、RPC（Thrift-RPC）、text（文本）、tail（UNIX tail）、syslog（syslog 日志系统）、exec（命令执行）等数据源上收集数据的能力。支持 TCP 和 UDP 2 种模式。

**2. 网页数据采集**

网页数据采集称为网页抓屏、数据挖掘或网络收割，通过网络爬虫程序实现，是对非结构化数据的采集。

1）Python 网络爬虫

在 20 世纪 90 年代初，荷兰数学和计算机科学研究学会的 Guido van Rossum 就提出了 Python，其又被称为"ABC 语言的替代品"。

Python 提供了高效的高级数据结构,还能简单有效地面向对象编程,使它成为多数平台上写脚本和快速开发应用的编程语言。

网络爬虫,就是一个在网上到处或定向抓取网页数据的程序,其一般方法是,定义一个入口页面,一般一个页面中会包含指向其他页面的 URL,从当前页面获取到这些网址,加入爬虫的抓取队伍中,进入新页面后,再递归地进行上述操作。此外,所有被爬虫抓取的网页将会被系统存贮,进行一定的分析、过滤,并建立索引,以便查询和检索。

2)八爪鱼采集器

八爪鱼采集器(以下简称八爪鱼),是一款可视化免编程的网页采集软件,可以从不同网站中快速提取规范化数据,帮助用户实现数据的自动化采集、编辑及规范化。八爪鱼在采集过程中的每个步骤都可以看作是对网页的操作,单击流程步骤,可执行该步骤,可逐个执行流程步骤、观察数据变化,来验证采集设置是否正确,可以对每个步骤的设置进行修改。

3)集搜客采集器

集搜客采集器(以下简称集搜客)是一款简单易用的网页信息抓取软件,能够抓取网页文字、图表、超链接等多种网页元素,可以通过简单可视化流程进行采集,服务于任何对数据有采集需求的人群。集搜客网络爬虫系统由服务器和客户端两部分组成,服务器用来存储规则和线索(待抓网址),MS 谋数台用来制作网页抓取规则,DS 打数机用来采集网页数据。

## 二、大数据分析

### (一)概念

财务数据分析,指用适当的统计分析方法对收集到的财务数据进行分析,将其加以汇总、整合并详细研究和概括总结,以求最大化地开发数据的功能,发挥数据的作用。

数据,是人们通过观察、实验或计算得出的结果。数据可用于各类研究、设计、查证等工作。

分析,是将研究对象的整体分为若干部分、方面、因素和层次,并分别加以考察的认识活动。

数据分析的目的是在大量的数据中,提取并挖掘出对财务业务发展有价值、潜在的信息,通过对相关数据的有效统计、分析和使用,总结出研究对象的内在规律,为决策层的决策提供有力的依据,以更好地做出判断。

财务是与数据分析的关系较为紧密的行业之一,也是数据分析应用最为广泛的行业之一。财务数据分析师运用分析工具研究财务数据信息,搭建数据分析与财务工作的桥梁,指导财务管理决策。通过数据分析对财务数据进行有效的整理和分析,对行业的发展起到积极的作用,有力地推进企业内部的科学化和信息化管理。

### (二) 数据分析的步骤

数据分析在操作上有一定的步骤,即为明确目的、数据收集、数据处理、数据分析、数据报告,如图 1-3-6 所示。

图 1-3-6 数据分析步骤

#### 1. 明确目的

明确目的是数据分析的第一步,先确定目标,然后再去实施。如为什么要进行财务分析,其目的是什么,是为了解决什么问题。这样才能有针对性地解决问题。

#### 2. 数据收集

数据分析的基础是要有数据。按数据收集的方式不同,数据收集可分为线上收集和线下收集;按渠道不同,可分为内部收集和外部收集。

线上收集,指利用互联网技术自动收集数据。企业内部通过数据埋点的方式进行数据收集,然后将收集来的数据存储到数据库中。此外,利用爬虫技术获取网页数据或借助第三方工具获取网上数据等都属于线上收集方式。

线下收集,指通过传统的市场调查问卷获取数据。此外,通过手工录入获取数据、出版物收集的权威数据以及通过其他人提供的电子表格获取数据等都属于线下收集方式。

内部收集,指获取的数据都来源于企业内部数据库、日常财务数据、销售业务数据、客户投诉数据、运营活动数据等。

外部收集,指数据不是企业内部产生的,而是通过其他手段从外部获取的。例如,利用爬虫技术获取的网页数据、从公开出版物收集的权威数据、通过市场调研获取的数据以及第三方平台提供的数据等。

#### 3. 数据处理

收集的原始数据比较粗糙且无序,因此需要利用数据处理软件进行一系列的加工处理,整合原始数据,从而使原始数据更加有用。

数据处理包括前期的脏数据清洗、缺失值填充、数据分组转换、数据排序筛选等,以及后期的业务指标计算、报表模板填充等。常用的数据处理工具包括 Excel 之类的电子表格软件、各类数据库软件、Python、R、SAS、SPSS 等,这些工具都包含数据处理模块,方便用户对数据进行快速清洗,然后进行分析。

#### 4. 数据分析

数据分析基于处理好的数据,数据分析人员才可以对其进行分析和挖掘,结合实际业务得出相关结论,提供给管理层进行决策。因此,数据分析人员需要掌握数据分析和数据挖掘的常用方法,才能为后期的数据制作数据报告。

#### 5. 制作数据报告

数据分析的结果需要用数据报告进行呈现,因此数据报告的制作尤为重要。数据报告要求目的明确、结构清晰、有理有据。

## 三、大数据可视化

### (一) 数据可视化的含义

数据可视化,指利用数据内在的规律,将结构或非结构数据的分析结果用简单且视觉效果好的方式(即利用图形、表格、文字和信息图等手段)直观地展示出来。

数据可视化分析,指借助位置、颜色、长度、形状、大小等直观可见的方式表达数据,帮助我们更快地识别数据中的关键信息,发现数据背后的逻辑关系,从而做出业务决策。

### (二) 数据可视化的作用

数据分析的使用者包括大数据分析专家和普通客户,其对于大数据分析最基本的要求就是数据可视化。数据可视化的作用主要包括以下几个方面:

#### 1. 帮助企业快速消化信息

数据庞大是互联网时代的特色之一,在庞大的数据中如何快速消化吸收有用的信息,对抢占先机有很大的帮助。据阿伯丁集团管理者分析得出结论：通过数据可视化找到相关信息的可能性要远远大于其他方式，且数据可视化能够让浏览者得到更多的信息。

**2. 帮助企业进行管理决策**

数据可视化能够让员工更为轻松地了解日常工作进度，分析业务表现，同时还能够让管理者从中找到改变整体业务的方式，帮助分析绩效以及过去的成果，预测未来的绩效以及其他数值。通过分析，还能够掌握业务增长、下滑的原因，做到趋利避害。

**3. 帮助企业了解市场发展趋势**

对企业来讲，决策方向影响发展结果。当管理者能够从市场中发现发展趋势并以此调整经营策略的时候，往往该企业的发展速率会超乎同行的30%，而这种发展趋势的发现隐于数据当中，很难让人发现。不过，有了数据可视化图表之后，这一点就成为很多企业的优势，因为数据可视化会让趋势更加明显。

**4. 帮助企业赶超竞争对手**

同行之间的竞争往往是残酷的，稍不留神就可能被对方挤下去，这也是很多企业步履维艰的原因之一。而如今，数据可视化可以帮助公司在比较短的时间内对数据进行分析，快速做出业务以及产品决策，改进产品，推动业务增长，从而使其更好地适应市场发展。

### （三）数据可视化的图形

图形是直观呈现数据的方法，数据可视化的关键在于借助图形化手段，清晰有效地传达数据背后的规律和数据分析的结论，直观地传达关键的内容与特征，从而实现对于稀疏而复杂数据集的深入洞察。

数据可视化将数据库中每一个数据项作为单个元素展示，大量的数据集构成数据图像，同时将数据的各个属性值以多维数据的形式表示，可以让人们从不同的维度观察数据，从而对数据进行更深入的观察和分析。

图1-3-7是最常见的可视化图形。

### （四）财务大数据分析报告

**1. 财务大数据分析报告的含义**

财务大数据分析报告（以下简称分析报告或报告），指根据数据分析原理和方法运用数据来反映、研究和分析事物的现状、问题、原因和规律，并得出解决问题办法的一种分析应用文体。

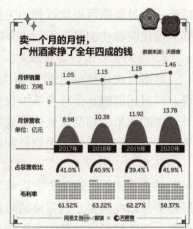

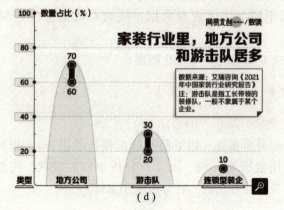

图 1-3-7　常见的可视化图形

（e） （f）

图1-3-7 常见的可视化图形（续）

**2. 财务大数据分析报告的结构**

财务大数据分析报告由标题、目录、分析背景、项目说明、分析思路及方法、结论建议、分析主体和附录构成。

1）标题

标题主要用于写明报告的题目。为方便归档，完成报告的日期也应当注明。

2）目录

目录将报告以模块的形式呈现，以方便快速了解和查找报告内容。

3）分析背景

分析背景用于阐述项目需求、分析目的、市场情况等，以了解项目的前因后果。

4）项目说明

项目说明用于注明假设、概念、数据来源等，以确保报告数据来源的可靠性与谨慎性。

5）分析思路及方法

分析思路是整个报告的灵魂，以便人们理解报告的逻辑线索。在数据分析的过程中，通常需要运用多种工具，借助专业的数据分析思维（如关联思维、对比思维）以及常用的分析方法（如PEST分析法、4P理论）。人们需要围绕某一个目的将思路打开，找到多个突破点，大体的思路如图1-3-8所示，人们可以将分析目的分解，找出数据分析的方法。

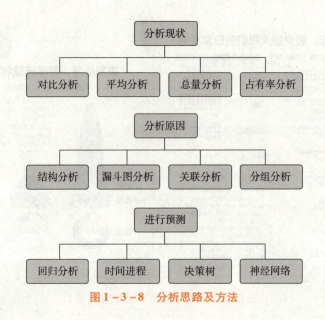

图1-3-8 分析思路及方法

6）结论建议

结论建议要简明扼要，对报告的总体做出结论。

7）分析主体

（略）

8）附录

附录是透明分析过程，可保证分析结果的可追溯性和可复制性。

**3. 财务大数据分析报告的论述要求**

1）数据可靠，界定严谨

数据可靠，指好的报告要有可靠的数据。为了结论准确有效，要保证数据的可靠性，要规划数据、组织数据采集、搭建数据平台和导出处理数据。

界定严谨，指对报告中数据的来源、计算、概念做说明。不同的界定，有不同的结论。严谨的界定是分析的基础和假设，只有这样，人们才能正确理解并合理利用报告结论。

2）用词准确，论证合理

用词准确，指好的报告要用词准确，含糊的用词会造成歧义。因此，要避免歧义用词。

论证合理，指结论是报告的理，数据是报告的据。结论要基于数据得出，避免数据与结论两张皮。

3）概念一致，标准统一

概念一致，指报告前后概念要统一，不一致会发生歧义。

标准统一，指分类标准要统一，不统一会使类别交叉不可比，结论就会有差。

4）直观呈现，通俗易懂

用图表代替数字和文字的大量堆砌有助于更形象、更直观地理解分析和结论，这是好报告的重要标准。

5）结论准确，建议合理

结论准确，指报告要有结论，结论要有依据。报告的目的是寻找或求证一个结论，因此一定要从数据中分析、提炼观点。

建议合理，指报告要有建议，建议要能落地。报告的价值在于给决策者提供参考和依据，而决策者需要的不仅仅是找出问题，更重要的是解决问题的建议。

好报告一定要有建议，但有建议不一定是好报告，因此，好报告的建议一定要能落地。要搞清是给谁提建议，要结合业务提建议，要回避不良结论。

### 思政一刻

数据是新时代重要的生产要素，是国家基础性战略资源，这已成为全球共识。十九届四中全会提出将数据作为生产要素参与分配，《关于构建更加完善的要素市场化配置体制机制的意见》和《建设高标准市场体系行动方案》明确提出"加快培育数据要素市场"。《国家"十四五"规划纲要》对完善数据要素产权性质、建立数据资源产权相关基础制度和标准规范、培育数据交易平台和市场主体等做出战略部署。

大数据产业作为以数据生成、采集、存储、加工、分析、服务为主的战略性新兴产业，提供全链条技术、工具和平台，孕育数据要素市场主体，深度参与数据要素全生命周期活动，是激活数据要素潜能的关键支撑，是培育数据要素市场的重要内容。

为充分发挥大数据产业在加快培育数据要素市场中的关键支撑作用，《"十四五"大数据产业发展规划》围绕数据要素价值的衡量、交换和分配全过程，重点部署以下工作：一是建立数据价值体系，制定数据要素价值评估指南，开展评估试点，为数据要素进入市场流通奠定价值基础。二是健全要素市场规则，发展数据资产评估、交易撮合等市场运营体系，鼓励企业参与数据交易平台建设，创新数据交易模式，建立健全风险防范处置、应急配置等机制。三是提升要素配置作用，加快数据要素化，培育数据驱动的产融合作、协同创新等新模式，推动要素数据化，促进数据驱动的传统生产要素合理配置。

📖 训 练 题

1. 简述大数据的特征。
2. 相对于传统数据,大数据对财务发展有哪些影响?
3. 简述财务大数据分析的基本条件。
4. 简述财务大数据的分析流程。

# 项目二

# 财务大数据工具应用

随着计算机技术的全面发展，企业生产、收集、存储和处理数据的能力大大提高，数据量与日俱增。数据的积累实质上是企业的经验和业务的沉淀。越来越多的企业引入数据思维——不只是依赖于数据的统计分析，更强调对数据进行挖掘，期待从这一"未来世界的石油"中发现潜在的价值。这一迫切的"开采"需求在世界范围内酝酿了一次大数据变革。

在数据分析过程中，需要考虑如何获取数据、整合数据源；对数据进行清洗、整理之后，可能还需要进行统计分析、数据可视化；有时还需要进行数据挖掘，根据模型做出预测；有的情况下还需要据此开发出一个数据应用。因此，在选择对应的数据科学开发环境时，就需要考虑软件能否提供强大的数据爬取、多数据源整合、统计分析、数据可视化、机器学习等功能。如今，商用数据采集与处理软件和开源工具都已经非常成熟，不仅提供易用的可视化界面，还集成了数据处理、建模、评估等一整套功能。

本章简单介绍几种常见的数据采集与处理软件，包括 Python 语言、Excel、Power BI、智能采集器软件八爪鱼和可视化软件 Tableau，使大家能够根据需求选择更适合自己的数据处理工具，了解使用这些工具进行数据采集、分析等操作的方法和步骤。

1. 提升学生独立思考和自主探究的意识
2. 要求学生尊重数据提供方并具有法律意识

3. 培养学生实事求是的科学态度
4. 激发学生科技报国的热情

 **知识目标**

1. 了解 Python 的基本功能及应用领域
2. 了解 Excel 2019 的主要功能和使用方法
3. 了解 Tableau 软件的主要界面和功能
4. 了解 Power BI 软件的主要界面和功能

**技能目标**

1. 能对 Excel 工作表中的数据进行清洗、排序和筛选等操作
2. 能应用 Excel 数据分析工具库进行数据分析
3. 能根据数据特征选择合适的图表进行可视化
4. 能区分其他数据处理软件的主要功能

## 任务一　Python 的基本功能及应用

当今社会，网络和信息技术开始渗透到人类日常生活的方方面面，产生的数据量也呈现指数型增长的态势。现有数据的量级已经远远超越了目前人力所能处理的范畴。如何管理和使用这些数据，逐渐成为数据科学领域中一个全新的研究课题。Python 语言在最近十年发展迅猛，大量的数据科学领域的从业者使用 Python 完成数据科学相关的工作。那么为什么我们要选择 Python 而非其他语言（例如 R）进行数据采集、处理和分析呢？这是因为 Python 先天和后天具有的一些特殊条件和能力使其成为目前企业（尤其是大数据领域）进行数据处理与分析最为合适的工具。下面我们一起来了解一下 Python。

Python 是一种解释型、面向对象、动态数据类型的高级程序设计语言，其诞生于 20 世纪 90 年代初，由荷兰人吉多（Guido Van Rossum）（见图 2-1-1）设计实现。目前其已在科学计算、

图 2-1-1　吉多

Web 开发、数据分析、人工智能等方面有着非常广泛的应用。由于 Python 具有一系列特性，使其在专业与非专业领域备受欢迎。

**1. Python 简单易学**

Python 语言很简洁，语法也很简单，只需要掌握基本的英文单词就可以读懂 Python 程序。这对于初学者无疑是个好消息。因为简单就意味着易学，可以很轻松地上手。

**2. Python 是开源的、免费的**

开源是开放源代码的简称。也就是说，用户可以免费获取 Python 的发布版本，阅读甚至修改源代码。很多志愿者将自己的源代码添加到 Python 中，从而使其日臻完善。

**3. Python 是高级语言**

与 Java 和 C 一样，Python 不依赖任何硬件系统，因此属于高级开发语言。在使用 Python 开发应用程序时，不需要关注低级的硬件问题，如内存管理。

**4. Python 具有海量数据的计算能力和工作效率**

当面对超过 GB 甚至 TB 规模的海量数据时，传统数据工具通常无法支撑，更不要提计算效率了。Python 对于这个规模数据的计算能力和工作效率要远超过其他数据工作语言。

**5. Python 具有丰富的结构化和非结构化数据工作库和工具**

Python 除了自带数学计算库外，还包括丰富的第三方库和工具，例如用于连接 Oracle、MySQL、SQLite 等数据库的连接库，数据科学计算库 Numpy、Scipy、Pandas，文本处理库 NLTK，机器学习库 Scikit – learn、Theano，图形视频分析处理和挖掘库 PIL 和 Opencv，以及开源计算框架 TensorFlow 等。

**6. Python 具有强大的数据获取和集成能力**

Python 除了可以支持多种类型的文件（图像、文本、日志、语音、视频等）和数据库集成外，还能通过 API、网络抓取等方式获取外部数据，内外部数据源整合、多源数据集成、异构数据并存、多类型数据交错正是当前企业数据运营的基本形态。

**7. Python 具有强大的学习交流和培训资源**

Python 已经成为世界上最主流的编程语言和数据处理工作的核心工具之一，为非常多的社区、博客、论坛、培训机构、教育机构提供交流和学习的机会。

## 子任务一　Python 数据采集功能应用

"巧妇难为无米之炊",对于数据分析者来说,数据是所有工作的基础。Python 可以帮助我们实现数据的采集。使用 Python 获取数据,目前主要的获取方法集中在文本文件数据的采集、关系型或非关系型数据库数据的采集、网页数据的采集等方面。

### 一、从文本文件读取数据

#### (一)使用 read、readline、readlines 读取数据

Python 可以读取任意格式的文本文件数据,但在实践中,通常以读取格式化的文本文件数据为主,其中包括 txt、csv、tsv 等格式的文本文件,以及无扩展名格式的数据文本文件,使用 Python 读取文本文件数据的基本步骤如下:

**1. 定义数据文件**

定义数据文件即定义要读取的文件,该步骤不是必需的,可以跟"获取文件对象"整合。

定义数据文件的方法是:

> file_name = [文件名称]

示例:

> file_name = 'd:/python_data/data/text.txt'

文件名称中可以只写文件名,此时默认 Python 读取当前工作目录下的文件。

**2. 获取文件对象**

获取文件对象的意义是基于数据文件产生对象,后续所有关于该数据文件的操作都基于该对象产生。

语法格式为:

> file object = open(name [,mode][,buffering])

参数:

- name:要读取的文件名称,即上一个环节定义的 file_name,必填。
- mode:打开文件的模式,选填,在实际应用中,r、r+、w、w+、a、a+是使用最多的模式。

## 3. 读取文件内容

Python 基于文件对象的读取分为 3 种方法，如表 2-1-1 所示。

表 2-1-1　Python 基于文件对象的读取方法

| 方法 | 描述 | 返回数据 |
| --- | --- | --- |
| read | 读取文件中的全部数据，直到到达定义的 size 字节数上限 | 内容字符串，所有行合并为一个字符串 |
| readline | 读取文件中的一行数据，直到到达定义的 size 字节数上限 | 内容字符串 |
| readlines | 读取文件中的全部数据，直到到达定义的 size 字节数上限 | 内容列表，每行数据作为列表中的一个对象 |

## 4. 关闭文件对象

每次使用完数据对象之后，需要关闭数据对象。方法是 file_object.close( )。

### （二）使用 Numpy 的 loadtxt、load、fromfile 读取数据

Numpy 读取文本文件数据的方法包括 loadtxt、load 和 fromfile 3 种，如表 2-1-2 所示。

表 2-1-2　Numpy 读取文本文件数据的方法

| 方法 | 描述 | 返回数据 |
| --- | --- | --- |
| loadtxt | 从 txt 文本读取数据 | 从文件中读取的数组 |
| load | 使用 Numpy 的 load 方法可以读取 Numpy 专用的二进制数据文件，从 npy、npz 或 pickled 文件加载数组或 pickled 对象 | 从数据文件中读取的数组、元组、字典等 |
| fromfile | 使用 Numpy 的 fromfile 方法可以读取简单的文本文件数据以及二进制数 | 从文件中读取的数据 |

### （三）使用 Pandas 的 read_csv、read_fwf、read_table 读取数据

相对于 Python 默认函数以及 Numpy 读取文件的方法，Pandas 读取数据的方法更加丰富。Pandas 读取文本文件数据的常用方法如表 2-1-3 所示。

学习笔记

表2-1-3 Pandas读取文本文件数据的常用方法

| 方法 | 描述 | 返回数据 |
|---|---|---|
| read_csv | 读取csv文件 | DataFrame 或 TextParser |
| read_fwf | 读取表格或固定宽度格式的文本行到数据框 | DataFrame 或 TextParser |
| read_table | 读取通用分隔符分隔的数据文件到数据框 | DataFrame 或 TextParser |

## 二、从数据库中读取数据

### (一) 数据库简介

数据库（Database）是按照数据结构来组织、存储和管理数据的仓库。数据库广泛应用于CMS（内容管理系统）、CRM（客户关系管理系统）、OA（办公自动化）、ERP（企业资源计划）、财务系统、DSS（决策支持系统）、数据仓库和数据集市、进销存管理、生产管理、仓储管理等各类企业运营事务之中。

数据库按类型分为关系型数据库和非关系型数据库（又称NoSQL数据库）。关系型数据库在企业中非常常见，在传统企业中更为流行，常见的关系型数据库包括DB2、Sybase、Oracle、PostgreSQL、SQL Server、MySQL等；非关系型数据库随着企业经营场景的多样化以及大数据场景的出现，其应用场景也逐渐丰富。如有面向海量文档的文档数据库MongoDB、CouchDB；面向图结构的图形数据库Neo4J、InfoGrid；面向高性能并发读写的键值（Key-Value）数据库Redis、Tokyo Cabinet、Voldemort等。

关系型数据库几乎是企业数据存储的"标配"，因此掌握数据库的相关操作（主要是DDL和DML两种数据库语言）是每个数据工作者的必备技能之一。

### (二) 从关系型数据库MySQL读取数据案例

通过Python连接MySQL，需要有Python库来建立连接，本节使用MySQL官方驱动连接程序，假设在数据库Python_data下有名为"order"的数据表。以下是Python读取数据库数据的基本方法：

```
import mysql.connector #导入库
config={'host':'127.0.0.1', #默认127.0.0.1
```

```
'user':'root',#用户名
'password':'123456',#密码
'port':3306,#端口,默认为3306
'database':'python_data',#数据库名称
'charset':'gb2312' #字符编码
}
cnn=mysql.connector.connect(**config)#建立MySQL连接
cursor=cnn.cursor()#获得游标
sql="SELECT* FROM'order'" # SQL 语句
cursor.execute(sql)#执行SQL语句
data=cursor.fetchall()#通过fetchall方法获得数据
for i in data[:2]:#打印输出前2条数据
print(i)
cursor.close()#关闭游标
cnn.close()#关闭连接
```

上述代码中,实现了通过 Python 连接 MySQL 查询所有的数据,并输出前 2 条数据的功能。

### 三、从网络中爬取数据

#### (一) 网络爬虫的概念

网络爬虫也称为网络蜘蛛、网络机器人,是一个自动下载网页的计算机程序或自动化脚本。网络爬虫就像一只蜘蛛一样在互联网上爬行,它以一个被称为种子集的 URL 集合为起点,沿着 URL 的丝线爬行,下载每一个 URL 所指向的网页,分析页面内容,提取新的 URL 并记录下每个已经爬行过的 URL,如此往复,直到 URL 队列为空或满足设定的终止条件为止,最终达到遍历 Web 的目的。

#### (二) Python 爬取网络数据案例

要从网页中爬取数据,可使用 Python 内置标准库或第三方库,例如 urllib、urllib2、httplib、httplib2、requests 等。本节使用 requests 方法获取网页数据方法如下:

```
import requests # 导入库
```

学习笔记

```
url = 'http://www.dataivy.cn/blog/dbscan/' # 定义要抓取的网页地址
res = requests.get(url) # 获得返回请求
html = res.text # 返回文本信息
print(html) # 打印输出网页源代码
```

在代码中,先导入用到的网络请求处理库 requests,然后定义一个用来抓取的 URL,通过 requests 的 get 方法获取 URL 的返回请求,并通过返回请求的 text 方法获取内容(源代码),最终打印输出,部分结果如下:

```
<!DOCTYPE html>
<html lang="zh-CN" class="no-js">
<head>
<meta charset="UTF-8">
<meta name="viewport" content="width=device-width">
<link rel="profile" href="http://gmpg.org/xfn/11">
.........
</body>
</html>
```

从网页中读取的信息其实是网页的源代码,源代码经过浏览器的解析才是我们看到的不同的页面内容和效果。因此,在获取的网页中包含了内容的源代码后,还需要做的是针对源代码的解析。

(三)爬虫的合法性与 robot.txt 协议

**1. 爬虫的合法性**

网络爬虫领域现在还处于早期的拓荒阶段,虽然已经由互联网行业自身的协议建立起一定的道德规范,但法律部分还在建立和完善中。

目前,多数网站允许将爬虫爬取的数据用于个人使用或者科学研究。但如果将爬取的数据用于其他用途,尤其是转载或者商业用途,则依据各网站的具体情况会有不同的后果,严重的将会触犯法律或者引起民事纠纷。

同时,也需要注意,以下两种数据是不能爬取的,更不能用于商业用途。

(1)个人隐私数据,如姓名、手机号码、年龄、血型、婚姻情况等,爬取此类数据会触犯个人信息保护法。

（2）明确禁止他人访问的数据，例如，用户设置过权限控制的账号、密码或加密过的内容等。

另外，还需注意版权相关问题，有作者署名的受版权保护的内容不允许爬取，更不允许随意转载或用于商业用途。

**2. robot.txt 协议**

当使用爬虫爬取网站的数据时，需要遵守网站所有者针对所有爬虫所制定的协议，这便是 robot.txt 协议。

该协议通常存放在网站根目录下，里面规定了此网站中哪些内容可以被爬虫获取，以及哪些网页内容是不允许爬虫获取的。robot.txt 协议并不是一份规范，只是一个约定俗成的协议。爬虫应当遵守这份协议，否则很可能会被网站所有者封禁 IP，甚至网站所有者会采取进一步法律行动。在著名的百度与 360 的爬虫之争中，由于 360 没有遵守百度的 robot.txt 协议，爬取了百度网站的内容，而最终被判处 70 万元的罚款。

由于爬虫爬取网站时模拟的是用户的访问行为，所以必须约束自己的行为，接受网站所有者的规定，避免引起不必要的麻烦。

知识拓展：Python 的网络爬虫

# 子任务二　Python 数据分析功能应用

## 一、Python 数据分析工具

Python 数据分析是指运用多种数据分析和挖掘方法，对数据进行分析建模。方法包括统计分析、OLAP 分析、回归、聚类、分类、关联、异常检测、时间序列、协同过滤、主题模型、路径分析、漏斗分析等。Python 本身的数据分析功能并不强，需要安装一些第三方扩展库来增强其相应的功能。如：NumPy、SciPy、Matplotlib、Pandas、StatsModels、Scikit-learn、Keras、Gensim 等，下面对这些第三方扩展库的安装和使用进行简单介绍，如表 2-1-4 所示。

表2-1-4 第三方扩展库的安装和使用

| 扩展库 | 简介 |
|---|---|
| NumPy | 提供数组支持以及相应的高效的处理函数 |
| SciPy | 提供矩阵支持以及与矩阵相关的数值计算模块 |
| Matplotlib | 强大的数据可视化工具、作图库 |
| Pandas | 强大、灵活的数据分析和探索工具 |
| StatsModels | 统计建模和计量经济学,包括描述统计、统计模型估计和推断 |
| Scikit-learn | 支持回归、分类、聚类等强大的机器学习库 |
| Keras | 深度学习库,用于建立神经网络以及深度学习模型 |
| Gensim | 用来做文本主题模型的库,文本挖掘可能会用到 |

### (一) Numpy

NumPy 是一个运行速度非常快的数据库,提供了真正的数组功能以及对数据进行快速处理的函数。NumPy 还是很多更高级的扩展库的依赖库,主要用于数组计算,提供如下功能:

(1) 高效地表示数组的对象 Ndarray;
(2) 用于对数组直接进行数学运算的函数;
(3) 整合 C/C++/FORTRAN 代码的工具;
(4) 线性代数、傅里叶变换、随机数量生成。

### (二) Pandas

Pandas 是 Python 下最强大的数据分析和探索工具。它包含高级的数据结构和精巧的工具,使得用户在 Python 中处理数据非常快速和简单。Pandas 建造在 NumPy 之上,使得以 NumPy 为中心的应用使用起来更容易。它最初作为金融数据分析工具被开发,因此对时间序列数据、二维关系型数据提供了良好的支持。主要有如下功能:

(1) 列表、时间序列、表格等数据类型的封装;
(2) 数据清洗、切片转换功能;
(3) 常见的数据统计和分析功能;
(4) Pandas 支持从外部数据库导入数据并进行处理。

## 二、Python 数据分析案例

随着数智时代的来临,数据已经成为财务发展的推动力,而 Python 可以帮助我们以更加标准化、更加高效的方式处理财务数据。这里我们来看一个用 Python 进行财务大数据分析的典型应用案例——上市公司综合评价。本案例主要学习如何从众多的候选上市公司中，利用财务报表及财务指标数据，基于数量化的分析方法，选择出优质的上市公司，并从市场表现情况对这些候选公司进行实证检验及评价，从而为进一步的投资分析奠定基础。

### （一）案例背景

随着我国证券市场的不断壮大，证券及证券投资在社会经济生活中的地位也越来越重要，上市公司的数量也不断增加，投资者面对如此众多的不同行业、背景的股票，除了从基本政策面分析外，还希望对这些股票进行理性客观的评价。在上市公司数量较少时，传统的基本面分析方法不失为一种有效的方法。然而，在庞大的上市公司数量及其数据面前，传统的基本面分析方法具有很大的局限性：一方面，在如此大量的上市公司数据面前，我们无法及时完成分析，也更难找出优质的上市公司；另一方面，在信息高度发达的大数据时代，信息更新非常快，我们更难以应接。因此，基于数量化的分析方法，采用计算机技术及数据挖掘模型，帮助我们快速挖掘并分析数据，从而找到我们需要的信息，这种技能已经成为投资界人士所推崇的技能。本案例正是基于这样的背景出发，对上市公司进行综合评价，为投资者提供一定的参考。

### （二）案例目标及思路

本案例的主要目标是通过年度财务数据及其指标，对上市公司进行综合评价，找出质地较好的上市公司，从而为投资者提供较好的参考价值。这里我们选择基于总体规模与投资效率指标的综合评价方法，通过选择反映公司总体规模和投资效率方面的财务数据及财务指标，检验上市公司的总体规模和投资效率，并利用主成分分析模型进行综合评价，最终根据评价的结果构建投资组合。

### （三）数据分析步骤

**1. 指标选择**

我们获取的总体规模指标包括上市公司的营业收入、营业利润、利润总额、净利润、资产总计、固定资产净额，投资效率指标包括净资产收益率、每股净资产、每股资本公积、每股收益，一共10个指标。并从国泰安 CSMAR 数据库进行相应数据的采集。

**2. 数据处理**

1）筛选指标值大于 0 的数据

对上市公司评价，首先是选择质地比较好的公司，指标值小于 0 的公司可能存在公司资产为负值或者利润为负值等问题，这类公司首先排除在外。

2）去掉 NAN 值

NAN 值即空值，存在指标取值缺失的公司也建议排除在外。

3）数据标准化

在我们选取的指标中，营业收入和营业利润等是以"万元"为单位，属于绝对值单位，而净资产收益率等是以"百分比"为单位，属于相对值单位，因此不同指标之间，存在着指标单位不统一，或有些指标单位取值很大，有些指标单位取值很小的问题，因此需要对指标数据进行标准化处理。

**3. 主成分分析**

对标准化之后的指标数据 $X$ 做主成分分析，提取其主成分，要求累计贡献率在 95% 以上。通过主成分分析，可以获得其主成分，接下来就可以根据获得的主成分计算每个上市公司的综合得分。根据综合得分，可以获得上市公司的综合排名。

**4. 综合排名**

通过对上市公司以上述指标为基础的综合评价，对上市公司进行综合排名，进而构建更合理的投资组合。

这里我们只是构建了数据分析的完整思路，没有给大家提供具体的 Python 语句及函数操作，有兴趣的同学可以课后进行深入学习。

## 任务二　Excel 高级功能应用

Excel 是美国微软公司推出的办公自动化系列软件 Office 中用于电子表格处理的应用软件，目前在数据处理方面有着广泛的应用。应用 Excel，可以方便地创建工作表，输入和编辑工作表数据，对数据进行各种运算，对表格进行各种格式设置；可以利用工作表中的数据方便地生成各种图表，即用图形直观、形象地将工作表中的数据表示出来。Excel 还提供了强大的数据管理功能，可以方便地对工作表中的数据进行排序、筛选和分类汇总等操作，从而实现数据的管理与分析，并获取有用的信息。

Excel 发布了多个版本，常见的有 Excel 2007、2010、2013、2016 和 2019 版本，每一次版本的更新都会增添许多功能，使 Excel 的功能更为丰富。本书以 Excel 2019 版本为例进行介绍。

## 子任务一  Excel 数据整理功能

### 一、数据清洗

在实际工作中，数据清洗是数据整理过程中必不可少的一个重要环节，是对数据进行重新审查和校验的过程，目的在于删除重复信息、处理无效值和缺失值、纠正存在的错误，并提供一致性数据。Excel 有多种功能可以胜任数据整理的工作，如定位、分列、排序和筛选、查找和替换、函数与公式等。

在数据清洗过程中，主要处理的是缺失值、重复值、异常值、无效值和错误值等。所谓清洗，是指对数据集通过丢弃、填充、替换、去重等操作，达到正错误、去除异常、补足缺失的目的。

#### （一）缺失值处理

缺失值是指在原始数据中，由于缺少信息而造成的数据的聚类、分组或截断。它指的是现有数据集中某个或某些属性的值是不完全的，其处理方法通常有删除、补全和保留等。通过运用 Excel 的定位功能，可以帮助用户快速选取符合条件的单元格，对缺失值进行处理。

#### （二）重复值处理

"数据去重"是用户在数据整理过程中经常面临的问题，Excel 对此提供了多种解决方法，如使用条件格式快速标记重复值，利用【COUNTIF】函数功能快速删除重复值等。

#### （三）错误值处理

常见的 Excel 错误值有数据类型错误、公式返回的错误值等。如果数据类型不正确，往往导致数据统计出现错漏。同时，公式返回的错误值也会严重阻碍数据的统计，导致其他统计类函数返回错误值。常见的数据类型错误有数值被错误地储存为文本格式、日期格式不规范等。

文本型数字是 Excel 中一种比较特殊的数据类型，它的内容是数值，但作为文本类型进行储存，具有文本类型数据的特征，一般情况下，文本型数字所在单元格的左上角会显示绿色三角形符号。由于无法直接应用于统计运算，需要将文本型数字转换为数值型数据。常用的技巧有分列、剪贴板、转换为数字等。

## 二、数据排序

排序是数据整理和分析中常用的方法，为此 Excel 提供了排序功能，使用户可以根据需要按行或列排序，按升序或降序排序，按单字段或多字段排序，甚至支持使用自定义规则排序。

### （一）指定数据区域排序

当用户执行排序操作时，Excel 默认的排序区域为整个数据区域。如果用户仅仅需要对数据列表中的某个特点区域排序，可以先选取该区域，再执行排序操作。

### （二）多字段排序

Excel 的排序功能不但支持单字段排序，也支持多字段排序。Excel 2019 的排序对话框最多可以指定 64 个排序条件。通过多字段排序，能更精准地整理数据类型。

### （三）按单元格背景颜色排序

在实际工作中，用户可能接触到通过对单元格设置背景颜色或字体颜色来标注的比较特殊的数据。Excel 能够根据单元格背景颜色和字体颜色进行排序，从而帮助用户更灵活地整理数据。

## 三、数据筛选

通过数据筛选可以提高已经收集或储存的数据的可用性，更有利于数据的统计和分析，数据筛选在数据整理的过程中占有非常重要的地位。Excel 内置的"筛选"功能，可以较为便捷地处理此类需求。

### （一）按数字特征筛选

对于数值型字段，Excel 的筛选功能提供了丰富的数字筛选选项，包括大于、小于、不等于、介于等常用表达式，也包括高于平均值、低于平均值、自定义筛选等。

### （二）使用通配符筛选

用于筛选的条件，有时不能明确指定某一项内容。例如，姓氏中所有含有"王"字的员工、产品编号中第一位是 A 的产品等。在这种情况下，可以借助通配符来进行筛选。

### （三）使用公式筛选

尽管 Excel 的筛选功能十分便捷，但不能处理多种复杂条件下的筛选问题。例如，无法快捷筛选时间类型的数据，此时可以使用 Excel 公式制作辅助筛选数据。

## 子任务二　Excel 数据分析功能

### 一、安装分析工具库

Excel 中的分析工具库是以插件的形式加载的，因此在使用分析工具库之前，用户必须先安装该插件。数据分析工具不但包括分析工具库中提供的工具，还包括 Excel 工具菜单中一些特殊的宏。

安装分析工具库插件的具体步骤如下：

单击【文件】按钮，在弹出的界面中单击【选项】按钮，在弹出【Excel 选项】对话框后，切换到【加载项】选项卡，单击【转到】按钮，如图 2-2-1 所示。

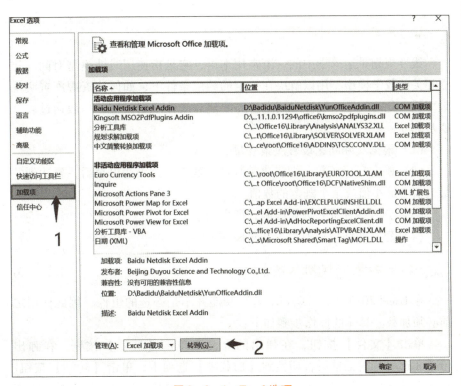

图 2-2-1　Excel 选项

在弹出【加载项】对话框后,勾选【分析工具库】复选框和【分析工具库-VBA】复选框,然后单击【确定】按钮,即可完成【分析工具库】插件的安装。

## 二、Excel 模拟运算

Excel 模拟运算表作为工作表的一个单元格区域,可以显示公式中某些数值的变化对计算结果的影响。模拟运算表为同时求解某一个运算中所有可能的变化值的组合提供了捷径,并且可以将不同的计算结果同时显示在工作表中,以便对数据进行查找和比较。

模拟运算表包括两种类型:单变量模拟运算表和双变量模拟运算表。

在单变量模拟运算表中,可以对一个变量输入不同的值,从而查看它对计算结果的影响。单变量模拟运算表必须包括输入值和相应的结果值,并且输入值必须排在一行或者一列上。被排在一行上的称为行引用,被排在一列上的称为列引用。在双变量模拟运算表中,可以对两个变量输入不同值,从而查看其对计算结果的影响。

## 三、Excel 规划求解

### (一)线性规划概述

线性规划是运筹学中的一个常用术语,它是指使用线性模型对问题建立相关的数学模型,用以解决在一定的约束条件下,如何让资源配置实现效率最大化的问题。线性规划求解需要建立线性规划模型,一般通过以下四步建立:

(1)根据实际问题设置决策变量。

(2)确定目标函数。即将决策数量用数学公式表达出来后,要达到的最大值、最小值或某个既定的数值。

(3)分析各种资源数量限制,列出约束条件。

(4)建立线性规划模型,并对模型求解。

### (二)加载"规划求解"

在 Excel 2019 中,"规划求解"功能并不是必选的组件,因此使用之前必须加载。具体的操作步骤如下:

单击【文件】按钮,在弹出的界面中单击【选项】按钮,在弹出【Excel 选项】对话框后,切换到【加载项】选项卡,单击【转到】按钮,在弹出【加载项】对话框后,勾选【规划求解加载项】复选框,然后单击

【确定】按钮，即可完成安装。

切换到【数据】选项卡，可以看到在【分析】组中，已添加了【规划求解】按钮，如图 2-2-2 所示。

图 2-2-2　规划求解加载项

知识拓展：用"规划求解"
自动计算一定条件下的最优解

## 四、Excel 分析工具库

Excel 分析工具库实际上是一个外部宏模块，其包含了多种使用频率较高的分析工具，如方差分析工具、相关系数分析工具等。

### （一）方差分析

在 Excel 中，提供了多种方差分析工具，具体使用哪一种工具，可根据因素的个数以及待检验样本总体中所含样本的个数而定，主要包括以下 3 种方差分析方式：

**1. 单因素方差分析**

此工具可以用于对两个或者更多样本的数据执行简单的方差分析。此分析可以提供一种假设测试，该假设的内容是：每个样本都取自相同基础概率分布，而不是对所有样本来说基础概率分布都不相同。如果只有两个样本，工作表函数 TTEST 则可被平等使用。如果有两个以上的样本，则没有合适的 TTEST 归纳和单因素方差分析模型可被调用。

**2. 可重复双因素分析**

此分析工具可以用于当数据按照二维进行分类时的情况。

**3. 无重复双因素分析**

此分析工具可以用于当数据按照二维进行分类且包含重复的双因素的情况。

方差分析结果分为以下两部分：第一部分是总括部分，主要观察方差值的大小，方差值越小，表明越稳定。第二部分是方差分析部分，这些需要特别关注的是 $P$ 值的大小，$P$ 值是用来衡量控制组与实验组差异大小的指标，$P$ 值越小，代表区域越大。如果 $P$ 值小于 0.05，说明两组数据存在显著差异，需要继续深入分析，如果 $P$ 值大于 0.05，说明控制组与实验组不存在显著差异。

### （二）相关系数

相关系数是描述两个测量值变量之间的离散程度的指标。使用相关分析工具来检验每对测量值变量，确定两个测量值变量的变化是否相关，即一个变量的较大值是否与另一个变量的较大值相关，也称为正相关；或者一个变量的较小值是否与另一个变量的较大值相关，也称为负相关；或者两个变量中的值互不相关，也就是相关系数近似为 0。

### （三）协方差

"相关系数"与"协方差"分析工具可以在相同的设置下使用。当用户对一组个体进行观测而获得了 $N$ 个不同的测量值变量时，"相关系数"和"协方差"工具都可以返回一个输出表和一个矩阵，分别表示每对变量值之间的相关系数和协方差。不同之处在于相关系数的取值在 $-1$ 和 $+1$ 之间，而协方差没有限定取值界线。相关系数和协方差都是描述两个变量离散程度的指标。

### （四）指数平滑

"指数平滑"分析工具是基于前期预测值导出的相应新预测值，并修正前期预测值的误差。在预测分析过程中需要使用平滑指数 $a$，其大小决定了本次预测对前期预测误差的修正程度。

$a$ 取值时，根据具体时间序列情况，参照经验判断法来大致确定额定的取值范围；然后取几个 $a$ 值进行试算，比较不同 $a$ 值下的预测标准误差，选取预测标准误差最小的 $a$。

在实际应用中，预测者应结合预测对象的变化规律做出定性判断且计算预测误差，并要明确预测灵敏度和预测精度是相互矛盾的，必须给予二者一定的考虑，采用折中的 $a$ 值，确定 $a$ 值后，用户就可以使用"指数平滑"分析工具预测未来值。预测未来值需要根据数列的趋势线条来选择平滑次数。对于无规律的数据曲线，只需要用一次平滑即可，直线型的数据曲线，要用二次平滑，二次曲线数据，要用三次平滑。

## （五）移动平均

"移动平均"分析工具是基于特定的过去某段时期中变量的平均值对未来值进行预测，以反映长期趋势。使用此工具可以预测销售量、库存或者其他趋势。

## 子任务三　Excel 数据可视化功能应用

Excel 2019 为用户提供了 17 大类图表，包括柱形图、折线图、饼图、条形图、面积图、XY 散点图、地图、股价图、曲面图、雷达图、树状图、旭日图、直方图、箱形图、瀑布图、漏斗图、组合图，如图 2-2-3 所示。

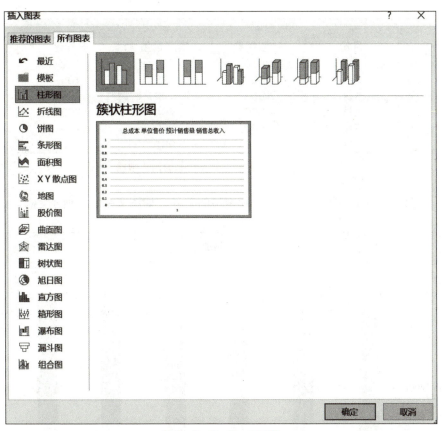

图 2-2-3　Excel 图表

在众多图表类型中，我们应该根据不同类型的数据选择不同类型的图表。

学习笔记

## 一、柱形图及其适用场合

柱形图是最常用的图表类型之一，主要用于显示一段时间内的数据变化或显示各项数据之间的比较。它由一系列的垂直柱体组成，通常用来比较两个或多个项目的相对大小，例如不同产品在某一时间段内的销售额对比。

柱形图又分为簇状柱形图、堆积柱形图、百分比堆积柱形图、三维簇状柱形图、三维堆积柱形图、三维百分比堆积柱形图和三维柱形图共 7 种类型。

下面以新星公司 A 商品的销售数据为例，如图 2-2-4 所示，介绍柱形图的几种子图表类型。

| | A | B | C | D |
|---|---|---|---|---|
| 1 | 月份 | 计划销量 | 实际销量 | 差异量 |
| 2 | 1月 | 1000 | 888 | 112 |
| 3 | 2月 | 1000 | 895 | 105 |
| 4 | 3月 | 1000 | 796 | 204 |
| 5 | 4月 | 1000 | 794 | 206 |
| 6 | 5月 | 1000 | 900 | 100 |
| 7 | 6月 | 1000 | 982 | 18 |

图 2-2-4 新星公司 A 商品的销售数据

簇状柱形图可以显示各月实际销量的差异，如图 2-2-5 所示。

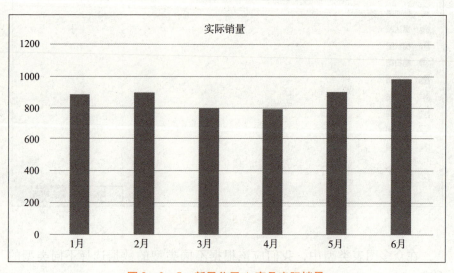

图 2-2-5 新星公司 A 商品实际销量

堆积柱形图可以显示商品各月实际销量与计划销量在不同月份的对比关系，其中计划销量保持不变，如图 2-2-6 所示。

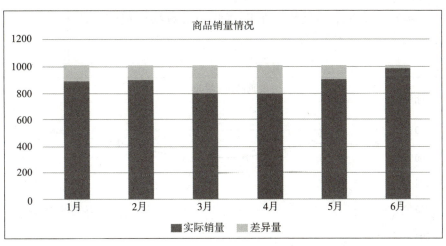

图 2-2-6　新星公司 A 商品销售情况

百分比堆积柱形图可以显示商品各月实际销量与差异量占计划销量的百分比如何随时间变化，如图 2-2-7 所示。

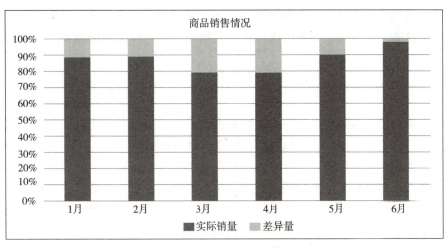

图 2-2-7　新星公司 A 商品销售百分比

## 二、折线图及其适用场合

折线图一般用来显示一段时间内数据的变化趋势，一般来说，横轴是

**学习笔记**

时间序列。其主要适用于以等时间间隔显示数据的变化趋势,强调的是时间性和变动率,而不是变动量,常用于跟踪表示每月的销量变化及销售走势分析等。

例如将前面中的堆积柱形图更改为带数据标记的折线图,效果如图 2-2-8 所示。

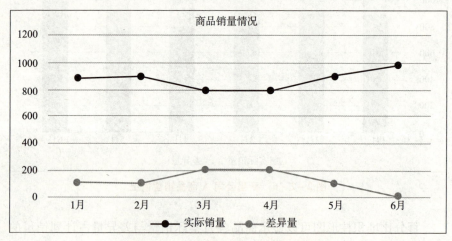

图 2-2-8　新星公司 A 商品销售情况

折线图可以使用任意多个数据系列,可以用不同的颜色、线形或者标志来区别不同数据系列的折线。它更适用于显示一段时间内相关类别的变化趋势。

### 三、饼图及其适用场合

饼图可显示数据系列中各项数据占该系列数值总和的比例关系。饼图分为饼图、三维饼图、子母饼图、复合条饼图和圆环图 5 种类型。

饼图、三维饼图、子母饼图、复合条饼图只能显示一个数据系列的比例关系。如果有几个系列同时被选中作为数据源,那么只能显示其中的一个系列。由于饼图信息表达清楚,又简单易学,所以在实际工作中用得比较多。

例如根据新星公司 A 商品的月份和实际销量制作饼图,效果如图 2-2-9 所示。

如果要分析多个数据系列中的每个数据占各自数据集总数的百分比,则可以使用圆环图。

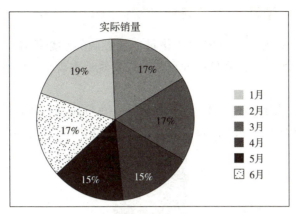

图 2-2-9 新星公司 A 商品实际销量

## 四、条形图及其适用场合

条形图与柱形图相似,它是用来描绘各个项目之间数据差别情况的图形。它由一系列水平条组成,用来比较两个或多个项目的相对大小。它主要突出数值的差异,而淡化时间和类别的差异。因为条形图实际上就是将柱形图的行和列旋转了 90°,所以有时也可与柱形图互换使用。当需要特别关注数据大小或者分类名称比较长时,更适宜选用条形图。

例如根据新星公司 A 商品的实际销量和差异量制作簇状条形图,效果如图 2-2-10 所示。

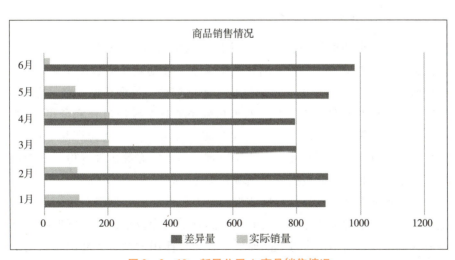

图 2-2-10 新星公司 A 商品销售情况

## 五、面积图及其适用场合

面积图可显示每个数值的变化量,其强调的是数据随时间变化的幅度。通过显示所绘制的数值的面积,可以直观地表现出整体和部分之间的关系。

面积图又可分为面积图、堆积面积图、百分比堆积面积图、三维面积图、三维堆积面积图和三维百分比堆积面积图 6 种类型。

知识拓展:Excel 漏斗图

# 任务三 其他工具运用

## 子任务一 智能采集工具八爪鱼

### 一、认知八爪鱼

#### (一)八爪鱼简介

八爪鱼网页数据采集器(以下简称八爪鱼),是一款使用简单、功能强大的网络爬虫工具,整合了网页数据采集、移动互联网数据采集及 API 接口服务(包括数据爬虫、数据优化、数据挖掘、数据存储、数据备份)等服务为一体的数据采集工具。八爪鱼采集器具有操作过程完全可视化、无须编写代码等优点,同时,其可满足多种业务场景,适合产品、运营、销售、数据分析、政府机关、电商从业者、学术研究等多种身份职业者使用。目前在大数据行业数据采集领域利用率很高。

八爪鱼采集器可以进行舆情监控,全方位监测公开信息,抢先获取舆论优势;可以进行市场分析,获取用户的真实行为数据,全面把握顾客真实需求;可以帮助用户进行产品研发,强力支撑用户调研,准确获取用户的反馈和偏好;也可以进行风险预测,高效地进行信息采集和数据清洗,及时应对系统风险。

## （二）八爪鱼的特点

### 1. 模板采集

模板采集模式内置了上百种主流网站数据源，如京东、天猫、大众点评等热门采集网站，只需参照模板简单设置参数，就可以快速获取网站公开数据。

### 2. 智能采集

八爪鱼可根据不同网站，提供多种网页采集策略与配套资源，可自定义配置，组合运用，自动化处理。从而帮助整个采集过程实现数据的完整性与稳定性。

### 3. 云采集

由 5000 多台云服务器支撑的云采集，7×24 小时不间断运行，可实现定时采集，无须人员值守，灵活契合业务场景，提升采集效率，保障数据时效性。

### 4. API 接口

通过八爪鱼 API，可以轻松获取八爪鱼任务信息和采集到的数据，灵活调度任务，比如远程控制任务启动与停止，高效实现数据采集与归档。基于强大的 API 体系，还可以无缝对接公司内部各类管理平台，实现各类业务自动化。

### 5. 自定义采集

针对不同用户的采集需求，八爪鱼可提供自动生成爬虫的自定义模式，可准确批量识别各种网页元素，还有翻页、下拉、AJAX、页面滚动、条件判断等多种功能，支持不同网页结构的复杂网站采集，满足多种采集应用场景。

### 6. 便捷定时功能

八爪鱼只需简单几步设置，即可实现采集任务的定时控制，不论是单次采集的定时设置，还是预设某一天或是每周每月的定时采集，都可以同时对多个任务自由进行设置，根据需要对选择的时间进行多重组合，灵活调配自己的采集任务。

### 7. 全自动数据格式化

八爪鱼内置了强大的数据格式化引擎，支持字符串替换、正则表达式替换或匹配、去除空格、添加前缀或后缀、日期时间格式化、HTML 转码等多项功能，采集过程中全自动处理，无须人工干预，即可得到所需格式数据。

### 8. 多层级采集

很多主流新闻、电商类的网站，里面包含一级商品列表页，也包含二级商品详情页，还有三级评论详情页面；不论网站有多少层级，八爪鱼都可以不限制层级地采集数据，满足各类业务采集需求。

## 二、八爪鱼的数据采集功能

在了解了八爪鱼的主要数据采集功能后，我们来了解八爪鱼网页数据采集的方法。常见的网页采集有电商平台采集、社交媒体采集、新闻资讯采集、生活服务采集、金融信息采集、房产信息采集等。下面我们通过一个电商平台采集案例来进行学习。

【任务】

京东商品列表采集，我们通过八爪鱼采集某一类商品的具体信息。

数据采集要素包括：

**1. 采集场景**

在京东搜索页 https://search.jd.com/Search 输入关键词搜索，采集搜索后得到的多个商品列表数据。

**2. 采集字段**

商品名称、商品描述、商品详情、价格、评论数、店铺名称、店铺链接等字段。

**3. 采集结果**

采集结果可导出为 Excel、CSV、HTML、数据库等多种格式。

**4. 采集步骤**

步骤一，打开网页；

步骤二，批量输入多个关键词并搜索；

步骤三，创建【循环列表】，采集所有商品列表中的数据；

步骤四，编辑字段；

步骤五，创建【循环翻页】，采集多页数据；

步骤六，设置滚动和修改【循环翻页】XPath；

步骤七，启动采集。

【操作指引】

步骤一，打开网页。

在首页【输入框】中输入目标网址 https://search.jd.com/Search，单击【开始采集】，八爪鱼自动打开网页，如图2-3-1所示。

步骤二，批量输入多个关键词并搜索。

打开网页后，通过以下几步，实现批量输入多个关键词。

图 2-3-1 采集界面

**1. 输入 1 个关键词并搜索**

选中京东搜索框,在操作提示框中,单击【输入文本】,输入关键词并保存,如图 2-3-2 所示。

图 2-3-2 输入文本

选中【搜索】按钮,在操作提示框中,单击【单击该按钮】,出现关键词的搜索结果,如图 2-3-3 所示。

图 2-3-3 单击元素

**2. 批量输入多个关键词**

（1）在【打开网页1】步骤后，添加一个【循环】，如图2-3-4所示。

（2）将【输入文本】和【单击元素】都拖入【循环】中，如图2-3-5所示。

图 2-3-4 添加循环

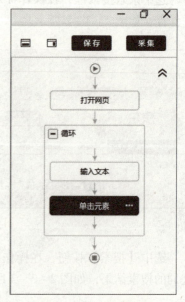

图 2-3-5 采集流程

（3）进入【循环】设置页面。选择循环方式为【文本列表】，单击"编辑"按钮，将我们准备好的关键字输进去（可同时输入多个关键字，一行一个即可）后保存。这里一次最多可输入2万个关键字。可先准备一个包含多个关键字的文档，然后将其复制粘贴进八爪鱼中，如图2-3-6和图2-3-7所示。

图2-3-6 设置循环方式

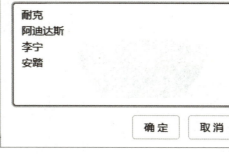

图2-3-7 设置循环列表

（4）进入【输入文本】设置页面，勾选【使用当前循环里的文本来填充输入框】后保存，如图2-3-8所示。

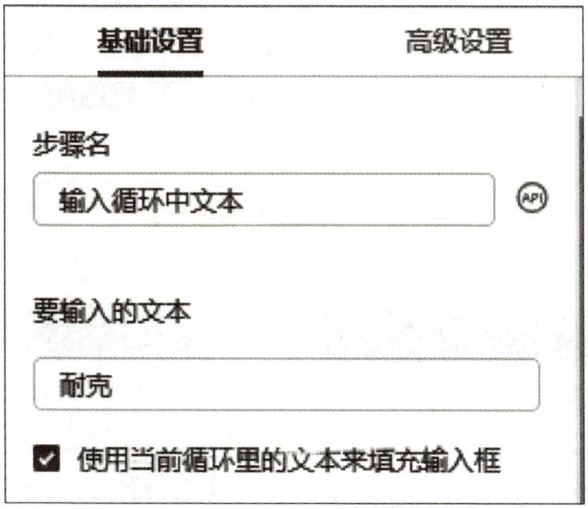

图2-3-8 输入文本设置

步骤三，创建【循环列表】，采集所有商品列表中的数据。

通过以下连续4步，如图2-3-9~图2-3-11所示，采集所有商品列表中的数据。

（1）选中页面上 1 个商品列表（注意一定要选中整个列表，包含所有所需字段）。

（2）在黄色操作提示框中，单击【选中子元素】。

（3）单击【选中全部】。

（4）单击【采集数据】。

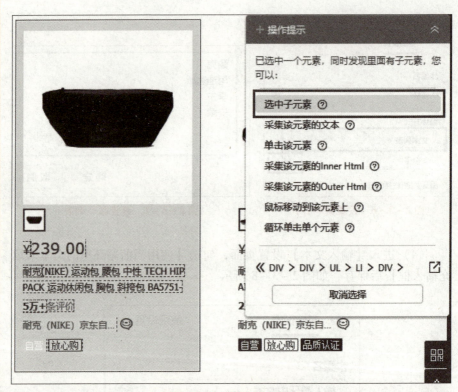

图 2-3-9 选中采集元素

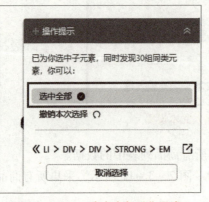

图 2-3-10 选中全部采集元素

图 2-3-11 采集数据

步骤四,编辑字段。

在当前页面【数据预览】页面,可删除多余字段,修改字段名,移动字段顺序等,如图2-3-12所示。

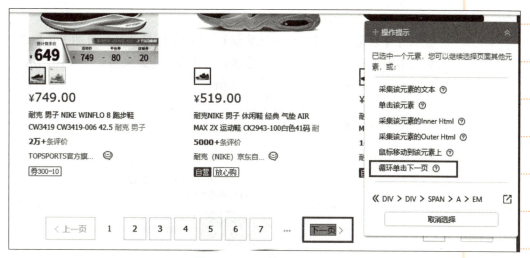

图2-3-12 采集字段信息

步骤五,创建【循环翻页】,以采集多页数据。

如果只是采集一页数据,可跳过此步骤。

如果需要翻页以采集多页数据,可选择页面中的【下一页】按钮,在操作提示上单击【循环单击下一页】,创建【循环翻页】,如图2-3-13和图2-3-14所示。

图2-3-13 循环翻页

创建【循环翻页】后,八爪鱼会自动单击【下一页】按钮进行翻页,从第1页,第2页……直到最后1页。如果只需采集特定页的数据,可在八爪鱼中设置循环翻页的次数。

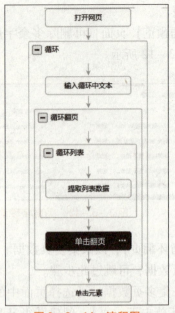

图2-3-14 流程图

步骤六,启动采集。

**1. 选择采集模式**

单击【采集】并【启动本地采集】。启动后八爪鱼开始自动采集数据。此处【本地采集】是使用自己的电脑进行采集,【云采集】是使用八爪鱼提供的云服务器采集,如图2-3-15所示。

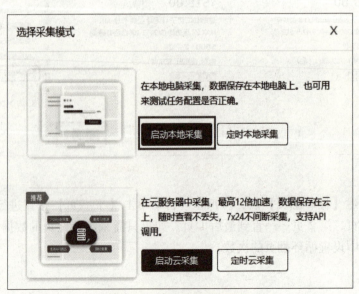

图2-3-15 选择采集模式

**2. 选择导出方式**

采集完成后，选择合适的导出方式导出数据。支持导出为 Excel、CSV、HTML、数据库等。这里导出为 Excel。

## 子任务二　可视化软件 Tableau 的应用

Tableau 是目前全球最易于上手的报表分析工具，并且具备强大的统计分析扩展功能。它能够根据用户的业务需求对报表进行迁移和开发，实现业务分析人员独立自助、简单快速、以界面拖放式操作方式对业务数据进行联机分析处理、即时查询等功能，可以在几分钟内生成美观的图表、坐标图、仪表板与报告。利用 Tableau 简便的拖放式操作方式可以自定义视图、布局、形状、颜色等，展现自己的数据视角。

Tableau 包括个人电脑所安装的桌面端软件 Desktop 和企业内部数据共享的服务器端 Server 两种形式，通过 Desktop 与 Server 配合，可以实现报表从制作到发布共享、再到自动维护的过程。

Tableau Desktop 是一款桌面端分析工具。此工具支持现有主流的各种数据源类型，包括 Microsoft Office 文件、逗号分隔文本文件、Web 数据源、关系数据库和多维数据库。可以连接到一个或多个数据源，支持单数据源的多表连接和多数据源的数据融合，可以轻松地对多源数据进行整合分析而无须任何编码基础。连接数据源后，只需用拖放或单击的方式就可快速地创建出交互、精美、智能的视图和仪表板。任何 Excel 用户甚至是零基础的用户都能很快、很轻松地使用 Tableau Desktop 直接面对数据进行分析，从而摆脱对开发人员的依赖。

Tableau Server 是一款基于 Web 平台的商业智能应用程序，可以通过用户权限和数据权限管理 Tableau Desktop 制作的仪表板，同时也可以发布和管理数据源。当业务人员用 Tableau Desktop 制作好仪表板后，可以把交互式仪表板发布到 Tableau Server。Tableau Server 是基于浏览器的分析技术，其他查看报告的人员可以通过浏览器或者使用 iPad 或 Andriod 平板中免费的 App 浏览、筛选、排序和分析报告。Tableau Server 支持数据的定时、自动更新，无须业务人员定期重复地制作报告。

Tableau 系列还包括 Tableau Online（完全托管在云端的分析平台，在 Web 上进行交互、编辑和制作）、Tableau Reader（在桌面免费打开制作的 Tableau 打包工作簿）、Tableau Moblie（移动端 App，在 iPhone、iPad 支持查看）。

## 一、Tableau Desktop 的界面

启动 Tableau Desktop 会直接进入数据连接界面，如图 2-3-16 所示。

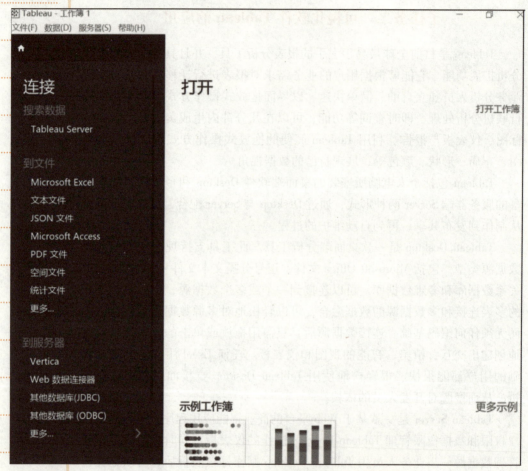

图 2-3-16　Tableau Desktop 连接界面

单击任何页面左上角的 Tableau 图标，可以在数据连接界面和工作区之间切换。左侧"连接"提供了多种数据源连接：本地文件、服务器、已保存数据源；中间"打开"可以打开已创建的工作簿。右侧"探索"可以观看 Tableau 官网的培训视频和精选推送。

导入数据后会进入 Tableau Desktop 数据源界面，如图 2-3-17 所示。

左侧"连接"下方显示当前连接的数据源及可用数据表，单击"添加"可以添加新的连接，以便创建混合数据源。双击或拖动表名至画布区，下方会显示数据预览。

项目二　财务大数据工具应用

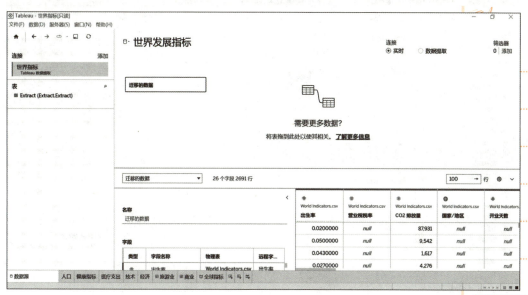

图 2-3-17　Tableau Desktop 数据源界面

右上方连接方式可以选择实时或数据提取，如果数据量比较大且没有实时更新的需求，一般建议选择数据提取的方式提高性能。

右上角"筛选器"可以根据业务需求设置筛选条件过滤需要的数据。

在数据预览区选中某一个字段后，右键可以执行重命名、删除、创建组、创建计算字段、隐藏字段、设置别名等操作。设置别名和隐藏字段后，可以在右上方勾选显示别名和显示隐藏字段。

单击页面下方的工作表标签，就会转到工作表界面，如图 2-3-18 所示。

左侧的数据选项卡中显示当前连接的数据表及表中可用字段，Tableau 会根据数据类型将所有字段自动分为维度和度量。

在分析选项卡中可以添加常量线、趋势线、参考线等。

在页面选项卡中可以添加字段进行动态展示。

利用筛选器可以设置筛选条件，对视图进行筛选。

在标记选项卡可以进行视图形状、颜色、标签等格式设置。

在行列功能区可以放置维度和度量变量来构建视图。

智能显示提供了 24 种常用图表，选择了满足条件的字段，即可直接生成相应视图。

图 2-3-18 Tableau Desktop 工作表界面

## 二、Tableau 的功能

Tableau 为各种行业、部门和数据环境提供解决方案，是目前全球最易于上手的报表分析工具，并且具备强大的统计分析扩展功能。

### （一）连接到数据源

Tableau 内置的连接器可以连接到所有常用的数据源，如图 2-3-19 所示。

图 2-3-19 数据源

## （二）构建数据视图

Tableau 可将数据分为维度、度量来创建层次结构，如图 2-3-20 所示。维度指分类、时间方面的定性离散字段。简单来说，就是数据行或列的标题，如本数据集中的发电类型、地区。度量指连续的数值字段，简单来说，就是数据表中对应的值，比如本数据集中的发电量、同期值。如果想展示各省发电量，这时"地区"字段就是维度，"发电量"就是度量，系统会依据各个地区分别进行"总计"的聚合运算（当然也可以选择别的聚合运算方式）。

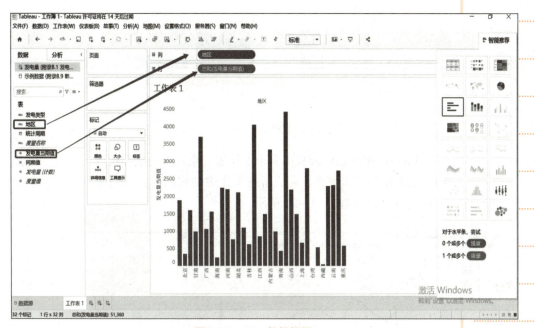

图 2-3-20 数据视图

## （三）增强视图

Tableau 作图非常简单，拖放相关字段到对应功能区，Tableau 就会自动依据功能区相关功能将图形即时显示在视图中。通过使用过滤器、聚合、轴标签、颜色和边框等格式来增强视图，如图 2-3-21 所示。

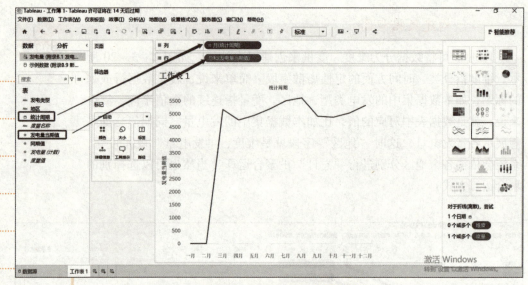

图 2-3-21 Tableau 作图功能

### (四)创建和组织仪表板

Tableau 创建的仪表板由多个工作表、图片或链接等构成,任何变更都跟底层数据源同步更新。完成所有工作表的视图后,我们便可以将其组织在仪表板中,如图 2-3-22 所示。

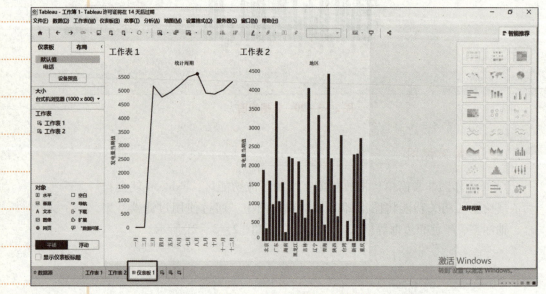

图 2-3-22 Tableau 仪表盘

## 子任务三　商业智能工具 Power BI 的应用

Power BI 是 Microsoft 公司推出的一套智能商业数据分析软件。Power BI 可连接上百个数据源、简化数据并提供即席分析。即席分析，指用户可根据需要改变条件，系统自动生成美观的统计报表并进行发布。

Power BI 整合了 Power Query、Power Pivot、Power View 和 Power Map 等一系列工具。熟悉 Excel 的用户可以快速掌握 Power BI，甚至可以在 Power BI 中直接使用 Excel 中的图表。

Power BI 包含 Windows 桌面应用程序（Power BI Desktop）、Power BI Service（Power BI 服务），以及可在 iOS 和 Android 设备上使用的 App（Power BI 移动版）。

Power BI Desktop 是一款可在本地计算机上安装的免费应用程序，借助 Power BI Desktop，可以使用来自多个源的数据创建复杂且视觉效果丰富的报表。通过 Power BI 服务可与其他人共享制作的报表。通过 Power BI 移动版可在手机等移动设备上实时查看数据更新，随时掌握业务状况。

### 一、Power BI Desktop 的界面

Power BI Desktop 启动后，主界面如图 2-3-23 所示。

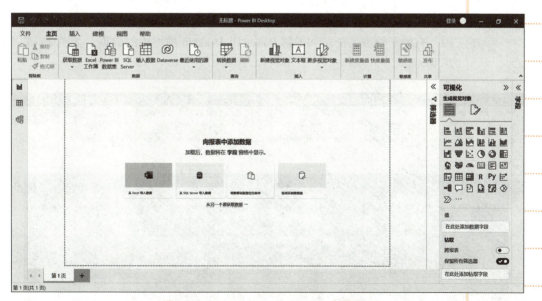

图 2-3-23　Power BI Desktop 主界面

在"菜单栏"可以用于数据可视化的基本操作，主要包括"文件""主页""插入""建模""视图""帮助""格式"等菜单。

在"视图"内的"报表视图"中,可以创建表页;在表页上可以插入文本、图形、图片、条形图、柱形图、地图等各种可视化对象,如图2-3-24所示。

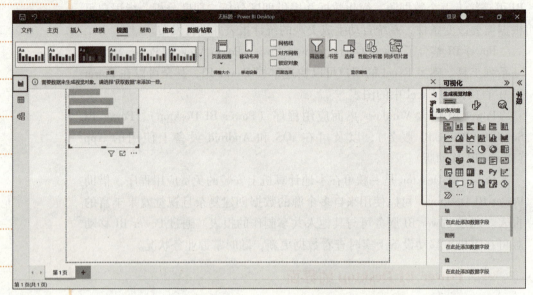

图2-3-24　Power BI Desktop 报表视图

在"视图"内的"数据视图"中,显示获取并整理后的数据;通过视图,有助于检查、浏览和了解 Power BI Desktop 模型中的数据,如图2-3-25所示。

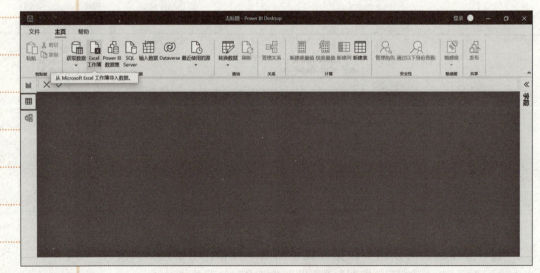

图2-3-25　Power BI Desktop 数据视图

在"视图"内的"关系视图"中,显示模型中的所有表及它们之间的关系;在关系视图中可以建立表和表之间的关联,即数据建模,如图2-3-26所示。

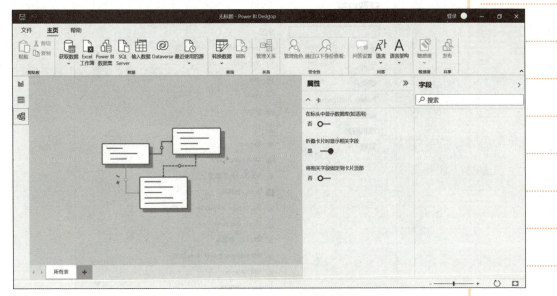

图2-3-26 Power BI Desktop 关系视图

在"报表编辑器"中,通过"可视化"窗格,可选择可视化图表的类型,如饼图、折线图、散点图、地图、切片器等;通过"筛选器"窗格,可以查看和设置视觉级、页面级和报告级筛选器,对可视化图表对象之间的编辑交互范围进行控制;通过"字段"窗格,可以显示数据模型中的表、字段和度量值,根据需要将相应的字段和度量值拖放到"可视化"窗格的参数设置中或"筛选器"窗格的筛选设置中,用以创建动态可视化效果。

## 二、Power BI 的功能

Power BI 的主要功能如下:

### (一)连接到任意数据源

Power BI 可以连接到多种不同类型的数据源,包括 Excel 文件、文本文件、XML 文件、SQL Server 数据库、Oracle 数据库、Web 数据等,几乎囊括了所有类型的数据。

在 Power BI 的"获取数据"对话框中,可查看能够连接的数据源类型，如图 2-3-27 所示。Power BI 支持使用自定义的连接器来连接特殊数据源，这也说明几乎没有 Power BI 不能连接的数据。

图 2-3-27　Power BI 数据获取

## （二）管理数据、数据建模

在 Power BI 的数据视图、查询编辑器中，可对来自数据源的数据进行清理和更改。在查询编辑器中，可轻松完成如更改数据类型、删除列或合并来自多个源的数据等操作。

## （三）创建视觉对象

视觉对象是报表中展示数据的基本元素，可根据需要为报表创建各种视觉对象。视觉对象也称可视化效果，"可视化"窗格列出了可用的各种视觉对象。单击"视觉对象"按钮，可将其添加到报表中，然后从"字段"窗格中选择字段，即可快速创建视觉对象。

## （四）创建报表

Power BI 将一个文件中的视觉对象集合称为报表。报表可以有一个或多个页面，类似一个 Excel 文件可包含一个或多个工作表。报表的文件扩展名为.pbix。

### （五）使用 Power BI 服务共享报表

Power BI 支持用户共享报表。在 Power BI 的"开始"选项卡中，单击"发布"按钮，可将报表发布到 Power BI 服务。选择"发布"命令后，Power BI 要求使用 Power BI 服务账户登录。登录后即可将报表共享到个人工作区、团队工作区或 Power BI 服务中的一些其他位置上。

我们生活在一个充满数据的时代，我们打电话、用微博、聊 QQ、刷微信，我们阅读、购物、看病、旅游，都在不断产生新数据，堆砌着数据大厦。大数据已经与我们的工作生活息息相关、须臾难离。中国工程院院士高文说："不管你是否认同，大数据时代已经来临，并将深刻地改变着我们的工作和生活。"2015 年 5 月，习近平主席在给国际教育信息化大会的贺信中说："当今世界，科技进步日新月异，互联网、云计算、大数据等现代信息技术深刻改变着人类的思维、生产、生活、学习方式，深刻展示着世界发展的前景。"

大数据并不神秘。实际上，大数据就在你我身边，虽然你看不到它，不在意它，但它却始终在你身边，且已经并将继续影响着你的生活。习近平和彭丽媛访问英国帝国理工学院时，校方赠送给彭丽媛的羊绒披肩就有大数据的功劳，披肩尺寸就是通过计算机图像分析技术得出的。校方还向习近平展示了运用大数据的方法分析国内人口迁移的情况、"一带一路"倡议的国际影响力、个性化医疗的推广，以及上海地铁的负载分布和应急办法等。习近平对利用大数据技术帮助提高人民生活质量的做法给予高度评价。

大数据已经广泛应用于我们日常生活息息相关的诸多领域。必应搜索通过集成以往的飞机票价画出未来票价走势；谷歌利用用户搜索记录判断出美国流感疫情的现状，在时间上比美国疾控中心的预测还快两周；对冲基金通过剖析社交网络推特的数据信息来预测股市的表现；交通部门通过大数据分析出实时路况；交友网站利用大数据分析来寻找爱情，并帮助需要的人匹配合适的对象；利用穿戴装备（例如智能手表或者智能手环）生成最新的数据，可以根据自身热量的消耗以及睡眠模式来追踪身体是否健康。这些无一不体现出大数据与我们的生活紧密相连。大数据掀起的风暴已席卷到生活的各个角落，大数据将会使我们的生活更加美好。

## 训练题

1. 已知新星公司员工的相关信息，如图2－3－28所示，其中有部分记录缺失，需要删除缺失记录。

| | A | B | C | D | E |
|---|---|---|---|---|---|
| 1 | 姓名 | 性别 | 出生年月 | 籍贯 | 入职时间 |
| 2 | 李刚 | 男 | 1989/5/23 | 河北 | 2011/8/9 |
| 3 | | | | | |
| 4 | 胡月月 | 女 | 1993/5/16 | 江西 | 2012/4/25 |
| 5 | 陈燕 | 女 | 1995/2/9 | 河南 | 2014/11/2 |
| 6 | | | | | |
| 7 | 赵全优 | 男 | 1996/9/11 | 北京 | 2018/9/20 |
| 8 | | | | | |
| 9 | | | | | |
| 10 | 段勇 | 男 | 1993/5/12 | 广州 | 2015/9/8 |
| 11 | 杨桦 | 男 | 1993/2/1 | 四川 | 2018/10/1 |
| 12 | 李玉 | 女 | 1986/4/20 | 浙江 | 2017/4/25 |
| 13 | 崔丽丽 | 女 | 1988/3/24 | 山东 | 2018/10/2 |
| 14 | | | | | |
| 15 | 王云 | 女 | 1988/11/21 | 上海 | 2017/6/3 |

图2－3－28　新星公司员工的相关信息

2. 如图2－3－29所示展示的数据列表，为了使A列序号保持不变，需对B1：D10区域的数据，按照"补贴"字段降序排列。

| | A | B | C | D |
|---|---|---|---|---|
| 1 | 序号 | 姓名 | 电话 | 补贴 |
| 2 | 1 | 李刚 | 2393544 | 300 |
| 3 | 2 | 胡月月 | 1371207 | 800 |
| 4 | 3 | 陈燕 | 1059387 | 600 |
| 5 | 4 | 赵全优 | 9193430 | 600 |
| 6 | 5 | 段勇 | 4923011 | 800 |
| 7 | 6 | 杨桦 | 7284827 | 300 |
| 8 | 7 | 李玉 | 2078214 | 300 |
| 9 | 8 | 崔丽丽 | 5455208 | 1200 |
| 10 | 9 | 王云 | 4326575 | 300 |

图2－3－29　数据列表

3. 已知新星公司员工考核的相关信息，如图2－3－30所示，需要依次按照"主管考核""内部考核""上期考核"对数据列表进行降序排序。

在"主管考核"相同的情况下,按"内部考核"降序排列,在"内部考核"再次相同的情况下,按"上期考核"降序排列。

| | A | B | C | D |
|---|---|---|---|---|
| 1 | 姓名 | 主管考核 | 内部考核 | 上期考核 |
| 2 | 李刚 | 95 | 93 | 85 |
| 3 | 胡月月 | 95 | 93 | 86 |
| 4 | 陈燕 | 95 | 86 | 91 |
| 5 | 赵全优 | 91 | 88 | 90 |
| 6 | 段勇 | 91 | 89 | 86 |
| 7 | 杨桦 | 88 | 90 | 86 |
| 8 | 李玉 | 86 | 92 | 94 |
| 9 | 崔丽丽 | 86 | 92 | 85 |
| 10 | 王云 | 82 | 86 | 81 |

图 2-3-30　新星公司员工考核的相关信息

# 项目三

# 营运数据分析

在企业的经营活动中,生产和销售活动占有非常重要的地位,企业决策者通过对生产成本和销售情况的营运数据进行分析,用数据指导业务决策,不仅可以极大地降低企业经营活动中决策失误的可能性,还可以减少企业不必要的运营成本,进而实现企业经济效益的最大化。

 思政目标

1. 具有科学素质和职业道德
2. 具有较强的创新意识和自我学习能力
3. 具有精益求精的工匠精神

 知识目标

1. 理解营运数据分析的意义
2. 掌握营运数据分析常用的方法
3. 掌握数据透视表的主要功能

 技能目标

1. 能对营运数据完成帕累托分析
2. 能使用数据透视表实现动态数据分析
3. 能将分析数据进行可视化展示

## 任务一 产品成本数据分析

### 子任务一 产品成本结构分析

在实务中,生产部门每月需对生产成本进行统计核算,分析各个月中成本的结构比例。有时候,某一部分数据需要特别展开,或者成本项目数据比较多,展示效果不是很直观。当成本结构数据众多的时候,如果我们用传统的饼图可视化,最后多个小扇形看起来会不清楚。这时候可以使用复合饼图,复合饼图有圆方图和圆圆图,经常用于表现"先总后分"效果。

【任务描述】

根据新星公司2022年12月成本费用项目明细表,如表3-1-1所示,完成该公司成本结构的可视化。

表3-1-1 新星公司2022年12月成本费用项目明细表　　　　万元

| 成本费用项目 | 金额 |
| --- | --- |
| 直接材料 | 200300 |
| 直接人工 | 139400 |
| 折旧费 | 89078 |
| 业务招待费 | 95800 |
| 广告费 | 8960 |
| 运营费 | 6590 |
| 办公费 | 8900 |
| 工会经费 | 8799 |
| 修理费 | 9806 |
| 税金及附加 | 7890 |

【操作步骤】

【步骤1】在Excel表格中单击插入图表,选择二维饼图,如图3-1-1所示。

【步骤2】设置数字标签格式,标签包括"类别名称"和"百分比",如图3-1-2所示。

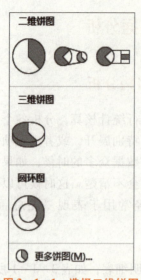

图3-1-1 选择二维饼图

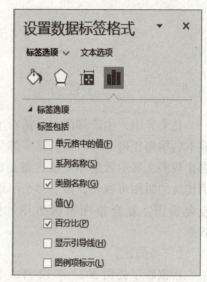

图3-1-2 设置数据标签格式

【步骤3】设置图标题名称为"新星公司成本结构图",生成图3-1-3。

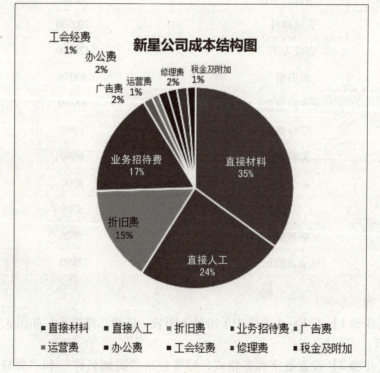

图3-1-3 新星公司成本结构图

从图 3-1-3 可以看出，新星公司成本费用项目众多，最后多个小扇形看起来不清楚。这时候可以使用复合饼图。

【步骤4】在 Excel 表格中单击插入图表，选择复合饼图，如图 3-1-4 所示。

【步骤5】设置数据系列格式，如图 3-1-5 所示，选择系列选项，系列分割依据为"位置"，第二绘图区中的值为"6"。生成如图 3-1-6 所示的复合饼图。按照位置最后 6 个数据点的设置，可以做出图 3-1-6 所示的效果，先总后分，看起来更清晰。

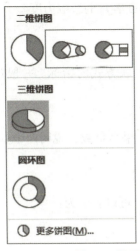

图 3-1-4 选择子母饼图

图 3-1-5 设置第二绘图区中的值

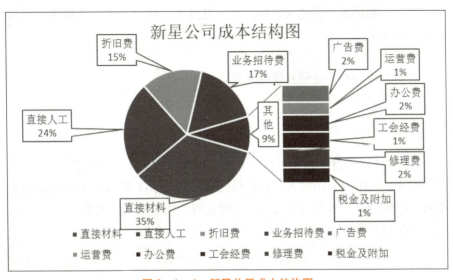

图 3-1-6 新星公司成本结构图

## 子任务二 生产成本及产量相关性分析

在实际工作中,研究分析生产成本时,除了将不同期间或者不同的生产成本要素进行比较外,还需要研究生产成本与其他因素,如生产产量和生产质量等的相关性,以便分析和总结出更多影响生产成本的因素,制定更为科学的生产成本管理方案。

数据分析是理性的工作,某项因素对结果是否有影响、有多大影响,都需要用数据说话。各项因素对结果的影响可以用 Excel 的相关系数工具来进行分析,通过对比各项因素的相关系数来判断客观的影响力度。

### 一、相关系数

相关系数是用来描述数据之间关联程度和关联方式的指标。一般用 $r$ 表示。

**1. 方向测量**

$r$ 如果是正数,说明两个变量是正相关,$r$ 如果是负数,说明两个变量是负相关。

**2. 强度测量**

相关系数 $r$ 是一个介于 $-1$ 和 $1$ 之间的数值。可以表示为:

$$-1 \leqslant r \leqslant 1$$

也可以表示为:

$$|r| \leqslant 1$$

相关系数的绝对值越大,相关关系就越强;反之,相关系数的绝对值越小,相关关系就越弱。

**3. 相关系数具有对称性**

它不会因为两个变量互换而变化。

**4. 相关系数只对两个变量都是数值型的才有意义**

### 二、CORREL 函数

在 Excel 中,计算相关系数的方法有很多,这里介绍公式法。

用途:CORREL 函数表示返回单元格区域 array1 和 array2 之间的相关系数,CORREL 函数是使用相关系数确定两个属性之间的关系。

语法格式为:

> CORREL(array1,array2)

参数:array1 表示单元格值的范围;array2 表示单元格值的第二个区域。

## 项目三  营运数据分析

**【任务描述1】**

已知新星公司2022年12月生产成本与产量相关性分析表如表3-1-2所示，分析计算生产成本与产量的相关性系数。

表3-1-2  生产成本与产量相关性分析表

| 耗费生产成本 | 产量 |
| --- | --- |
| 45000 | 300 |
| 51650 | 490 |
| 77350 | 620 |
| 63125 | 580 |
| 35580 | 245 |
| 75250 | 605 |

**【步骤1】** 打开生产成本与产量相关性分析表，将光标键放在B10单元格，输入"="，单击插入函数按钮，选择统计函数CORREL。

**【步骤2】** 在函数array1内输入A4:A9，在array2内输入B4:B9，如图3-1-7所示，计算出相关系数，如图3-1-8所示。

生产成本与产量相关性分析表

| 耗费生产成本 | 产量 |
| --- | --- |
| 45000 | 300 |
| 51650 | 490 |
| 77350 | 620 |
| 63125 | 580 |
| 35580 | 245 |
| 75250 | 605 |
| 生产成本与产量相关性系数 | 0.944710072 |

图3-1-7  生产成本与产量相关性分析表

函数参数

CORREL
Array1  A4:A9  = {45000;51650;77350;63125;3558...
Array2  B4:B9  = {300;490;620;580;245;605}

= 0.944710072

返回两组数值的相关系数

  Array2  第二组数值单元格区域。值应为数值、名称、数组或包含数值的引用

计算结果 = 0.944710072

有关该函数的帮助(H)                    确定    取消

图3-1-8  CORREL函数

【任务描述2】

接上例，创建折线图分析生产成本与产量的相关性。

【步骤1】打开生产成本与产量相关性分析表，选中 A3:B9 单元格区域，单击"插入"-"图表"，选中二维"折线图"子图表类型。

【步骤2】单击图表标题，修改为"生产成本与产量相关性分析"，如图3-1-9所示。

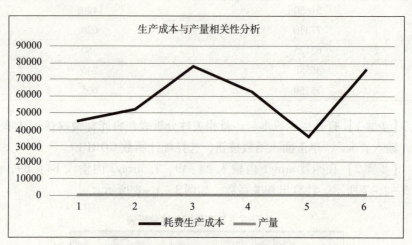

图3-1-9　生产成本与产量相关性分析（单坐标轴相关性分析）

从图3-1-9中可见"产量"数据系列的数据比"耗费生产成本"的数据系列的数据小很多，在同一个坐标轴中，"产量"数据系列的显示近似于一条直线。

继续对该折线图做修正，将其设置为双坐标轴折线图。

【步骤3】选择"产量"数据系列，右侧显示出"设置数据系列格式"对话框，在"系列选项"栏中选中"次坐标轴"单选按钮，单击"关闭"按钮，如图3-1-10所示。

【步骤4】返回工作表中，此时可以看到"产量"数据系列绘制在次坐标轴上，如图3-1-11所示，从图3-1-11中可以看出"产量"和"耗费生产成本"两个数据系列的变动趋势类似。

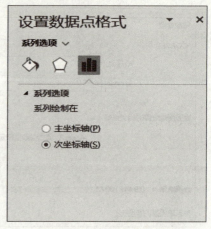

图3-1-10　系列选项设置

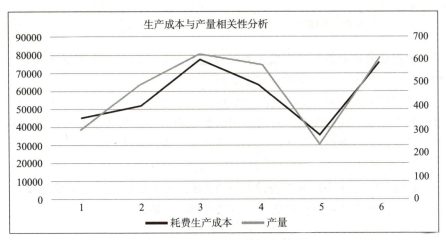

图 3-1-11 双坐标轴相关性分析

从生产成本与产量相关性分析的折线图中我们可以看出，生产成本与产量的变动趋势是一致的。生产成本增加时，产量也会增加；相反，生产成本降低时，产量也会降低，但由于其他因素的影响，生产成本变化的多少与产量的变动也不是完全一致的。

拓展阅读：企业降低生产成本的途径

## 任务二　产品销售数据分析

### 子任务一　广告投入对销售额影响分析

企业要想在激烈的市场竞争中获利更多，广告这种竞争手段显得特别重要。企业在何时发布什么样的广告、投入多少广告费用都会对销售额产生影响。本节主要介绍企业广告投入与销售额的相互关系。

在上一节，我们已经学习了通过 CORREL 函数和折线图来分析两个变量之间的相关性，在分析广告投入对销售额的影响中，前面两种方法依然适用。大家可以根据本节新星公司广告投入与销售额统计表中的数据自行进行分析，并扫描二维码来观看分析结果。

下面我们学习另外几种方法来分析广告投入对销售额的影响。

## 一、散点图分析

要想更清晰地看到广告投入和销售额的关系,以及两个变量之间是正相关还是负相关,可以用散点图来分析。

最常用来展示两个变量之间关系的是散点图。散点图可以展示一组数据的两个变量之间的关系。从散点图的数据点分布是集中还是分散能看到两个变量的关系强弱,其实这也是离散趋势的表现形式。

【任务描述】

根据新星公司 2022 年广告投入与销售额统计表中的数据,如图 3-2-1 所示,通过散点图来分析广告投入对销售额的影响。

广告投入与销售额统计表

单元:万元

| 月份 | 广告投入 | 销售额 |
| --- | --- | --- |
| 1月 | 78.56 | 150.57 |
| 2月 | 12.42 | 100.56 |
| 3月 | 12.81 | 97.66 |
| 4月 | 14.51 | 94.55 |
| 5月 | 36.78 | 129.45 |
| 6月 | 15.89 | 109.23 |
| 7月 | 20.23 | 120.21 |
| 8月 | 35.78 | 130.23 |
| 9月 | 40.89 | 134.25 |
| 10月 | 12.45 | 90.56 |
| 11月 | 12.45 | 98.02 |
| 12月 | 10.89 | 87.56 |

图 3-2-1 广告投入与销售额统计情况

【步骤1】打开新星公司广告投入与销售额统计表,选中区域 B4:C16,单击"插入"-"图表"-"散点图",如图 3-2-2 所示。

【步骤2】美化图表。修改图表标题为"广告投入与销售额散点图",勾选"图表元素"中的"坐标轴标题",如图 3-2-3 所示;修改横坐标轴名称为"广告投入",纵坐标轴名称为"销售额",如图 3-2-4 所示。

【步骤3】为坐标轴添加箭头。选中横坐标,右侧弹出【设置坐标轴格式】

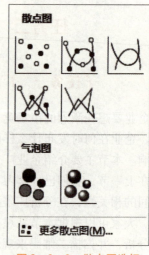

图 3-2-2 散点图选择

功能框，选择填充与线条图标，如图3-2-5所示，在线条下选择"实线"，选择相应的"结尾箭头类型"，如图3-2-6所示。用相同的方法完成纵坐标箭头设置。

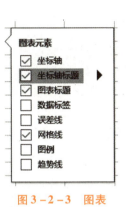

图3-2-3 图表元素设置

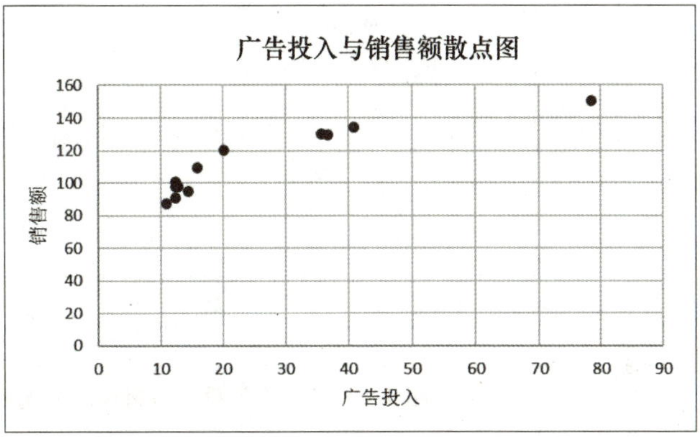

图3-2-4 广告投入与销售额散点图

图3-2-5 坐标轴线条设置

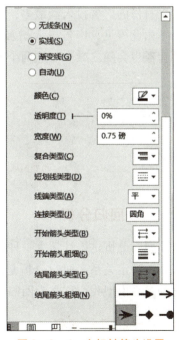

图3-2-6 坐标轴箭头设置

【步骤4】去除散点图网格线。单击散点图，去除【图表元素】下的【网格线】勾选按钮，生成的散点图如图3-2-7所示。

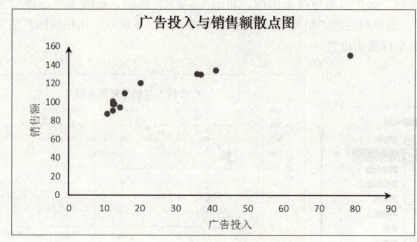

图3-2-7 广告投入与销售额散点图

从上面的散点图可以看出,数据点主要集中在两个部分,当广告投入集中在10万~20万元之间时,销售额在80万~120万元之间变动;当广告投入在40万元左右变动时,销售额在120万~140万元之间变动。2022年1月份的广告投入额最多,销售额也达到一年的最大值。

由此可见,广告投入增加时,销售额也有所增加;广告投入减少时,销售额也会随之减少。这两个变量之间存在正相关的相关系数。

拓展阅读:商品销售相关性与关联商品

## 二、回归分析

回归分析是统计学上一种分析数据的方法,主要是探讨数据之间是否有一种特定关系。回归分析是建立因变量 $y$ 与自变量 $x$ 之间关系的模型,这种关系模型我们称之为回归方程。

### (一)回归方程

回归方程的表达式如下:

$$y = a + bx$$

$b$ 是直线的斜率,是 $x$ 增加一个单位时 $y$ 的改变量。$a$ 是截距,表示直

线与 $y$ 轴相交的点。为了得到完整的回归方程，需要确定 $a$ 和 $b$ 的值。

## （二）利用函数法求解一元线性模型

### 1. SLOPE 函数

用途：返回经过给定数据点的线性回归拟合方程的斜率（它是直线上任意两点的垂直距离与水平距离的比值，也就是回归直线的变化率）。

语法格式为：

SLOPE(known_y's,known_x's)

参数：known_y's 为因变量数据或单元格区域，可以是数值、名称、数组，或者是数值的引用。known_x's 为自变量数组或者单元格区域，同样也可以是数值、名称、数组或者是数值的引用。

### 2. INTERCEPT 函数

用途：利用现有的因变量 $y$ 的值与自变量 $x$ 的值计算直线与 $y$ 轴的截距。

语法格式为：

INTERCEPT(known_y's,known_x's)

参数：known_y's 为因变量的数据点，known_x's 为自变量的数据点。

"回归"的由来

19 世纪末，英国统计学家弗朗西斯·高尔顿在寻找遗传法则时发现：身材较高的父母，他们的孩子也较高，但这些孩子的平均身高低于他们父母的平均身高；身材较矮的父母，他们的孩子也较矮，但这些孩子的平均身高却往往高于他们父母的平均身高。高尔顿把这种后代的身高向中间值靠近的趋势称为"回归现象"，亦称为"高尔顿定律"。

【任务描述】

根据新星公司 2022 年广告投入与销售额统计表中的数据，如图 3-2-8 所示，利用函数来求解广告投入和销售额之间的一元回归方程。

【步骤1】选中 F4 单元格，单击【插入函数】按钮。

【步骤2】在弹出的【插入函数】对话框中，在【或选择类别】下拉列表中选择【统计】选项，然后在【选择函数】列表框中选择【SLOPE】函数，然后单击【确定】按钮，如图 3-2-9 所示。

84　财务大数据分析与实务

图3-2-8　广告投入与销售额统计情况

图3-2-9　选择函数

【步骤3】在弹出的【函数参数】对话框中,单击【known_y's】文本框后面的【折叠】按钮。如图3-2-10所示。

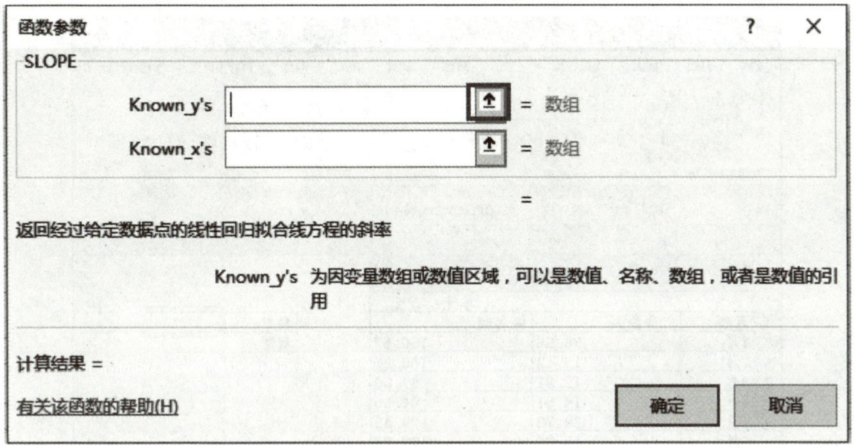

图3-2-10 函数设置

【步骤4】在弹出的【函数参数】折叠对话框中,在工作表中选择单元格区域C5:C16,然后单击文本框右侧的【展开】按钮,如图3-2-11所示。

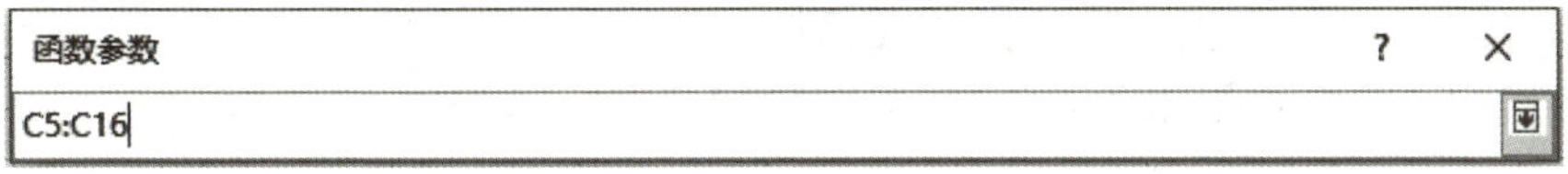

图3-2-11 参数设置

【步骤5】按照同样的方法在函数参数【known_x's】文本框中,输入自变量广告投入的数据区域B5:B16,然后单击【确定】按钮,如图3-2-12所示。

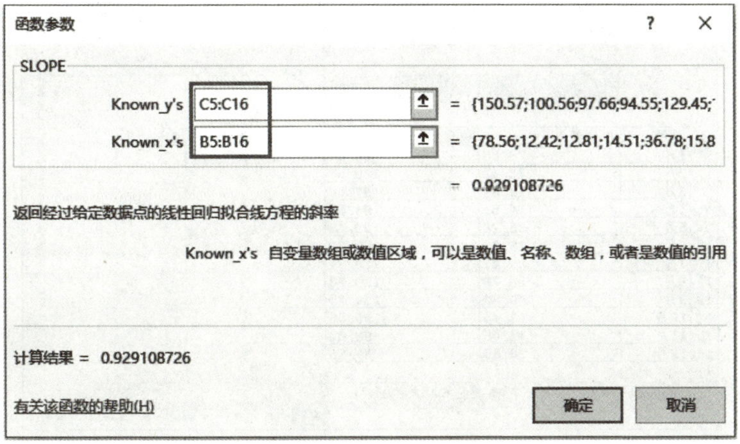

图3-2-12 函数计算结果

【步骤6】返回工作表中,即可在单元格F4中看到斜率,如图3-2-13所示。

图3-2-13 斜率值

【步骤7】将光标定位到单元格区域F5中,切换到【公式】选项卡,然后在【函数库】组中单击【插入函数】按钮。如图3-2-14所示。

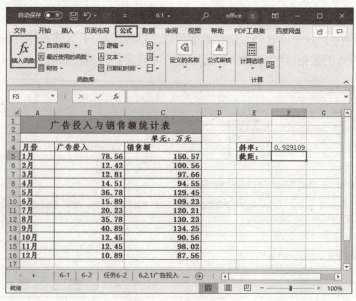

图3-2-14 插入函数

【步骤8】在弹出的【插入函数】对话框中，在【或选择类别】下拉列表中选择【统计】选项，然后在【选择函数】列表框中选择【INTERCEPT】函数，然后单击【确定】按钮，如图3－2－15所示。

图3－2－15　选择函数

【步骤9】在弹出的【函数参数】对话框中，在【known_y's】和【known_x's】文本框中分别输入因变量和自变量的数据区域，如图3－2－16所示，然后单击【确定】按钮。

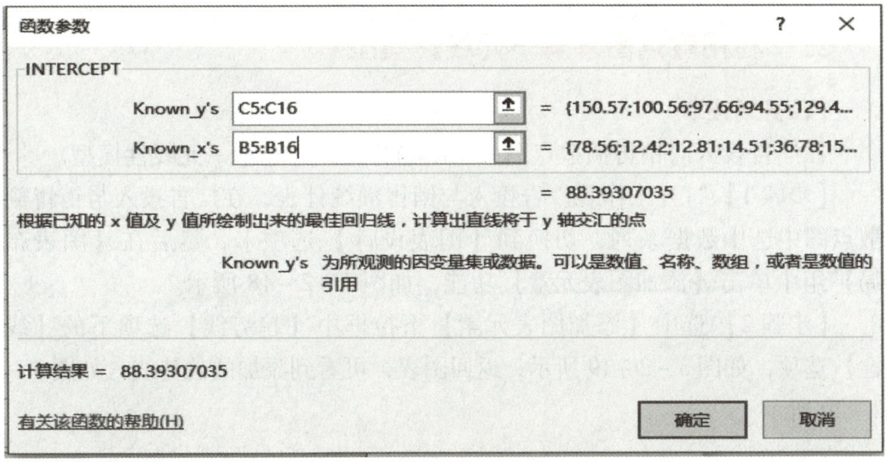

图3－2－16　INTERCEPT函数参数设置

【步骤10】返回工作表中，即可在单元格F5中看到取得的截距，如图3-2-17所示。

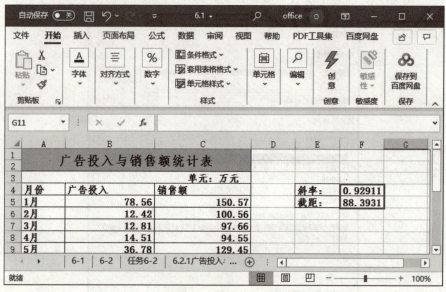

图3-2-17 截距值

通过【SLOPE】和【INTERCEPT】两个函数，分别求出了斜率$a$和截距$b$，取保留两位小数，所以一元线性模型为：

$$y = 0.93x + 88.39$$

由上面的一元线性模型可以看出，广告投入$x$每增加一个单位，销售额$y$增加0.93。

### 三、利用散点图求解一元线性模型

【任务描述】

在广告投入与销售额散点图中绘制趋势线，并显示一元线性模型。

【步骤1】打开工作表广告投入与销售额统计表，在广告投入与销售额散点图中选中数据系列，切换到【图表设计】选项卡，然后在【图表布局】组中单击【添加图表元素】功能，如图3-2-18所示。

【步骤2】选中【添加图表元素】下拉框中【趋势线】选项下的【线性】选项，如图3-2-19所示，返回图表，可看到添加的趋势线，如图3-2-20所示。

项目三　营运数据分析

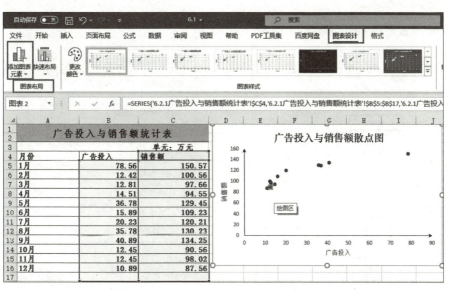

图 3-2-18　添加图表元素

图 3-2-19　选择趋势线

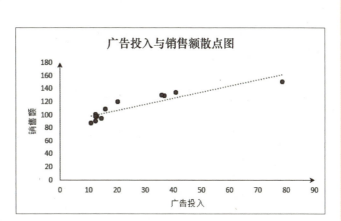

图 3-2-20　广告投入与销售额散点图

【步骤3】在散点图中选中趋势线，在右侧弹出的【设置趋势线格式】对话框中，单击进入【填充与线条】页面，【线条】选择【实线】，【短划线类型】也选择实线。如图 3-2-21 所示。

【步骤4】单击进入【趋势线选项】页面，勾选【显示公式】选项，然后单击【关闭】按钮，如图 3-2-22 所示。

图 3-2-21 设置趋势线格式

图 3-2-22 趋势线选项

【步骤5】返回图表中,可看到添加的趋势线以及显示的趋势线公式,如图3-2-23所示。此时的趋势线公式即是一元线性模型的方程式。

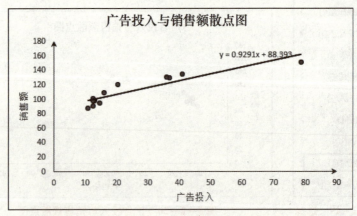

图 3-2-23 广告投入与销售额一元线性模型趋势线

## 子任务二 销售额及增长率分析

在实务中,销售部门每半年需对企业销售业绩进行统计核算,分析各月的销售额及增长率。当产品种类较多,需要统计销售额和增长率时,如果用传统的柱形图,只能显示销售额数据,无法同时显示增长率的变化情

学习笔记

况。因此可以采用双 Y 轴柱形图，既能展示原始数据，也能展示增长率等百分比数据指标。

**【任务描述】**

根据新星公司 2022 年 1—6 月产品销售额及增长率明细表，如表 3 - 2 - 1 所示，完成该公司上半年销售额及增长率的可视化。

表 3 - 2 - 1　新星公司 2022 年 1—6 月产品销售额及增长率明细表

| 月份 | A 产品销售额（万元） | B 产品销售额（万元） | A 产品增长率 | B 产品增长率 |
|---|---|---|---|---|
| 1 月 | 7211 | 8260 | | |
| 2 月 | 6885 | 6446 | -4.52% | -21.96% |
| 3 月 | 7842 | 8082 | 13.90% | 25.38% |
| 4 月 | 8625 | 5008 | 9.98% | -38.04% |
| 5 月 | 9462 | 7468 | 9.70% | 49.12% |
| 6 月 | 9688 | 9882 | 2.39% | 32.32% |

**【操作步骤】**

【步骤 1】新建 Excel 工作表，将“Sheet1”工作簿重命名为“上半年产品销售额及增长率”，在 A1:E7 区域，录入新星公司 2022 年 1—6 月产品销售额及增长率相关数据，完成效果如图 3 - 2 - 24 所示。

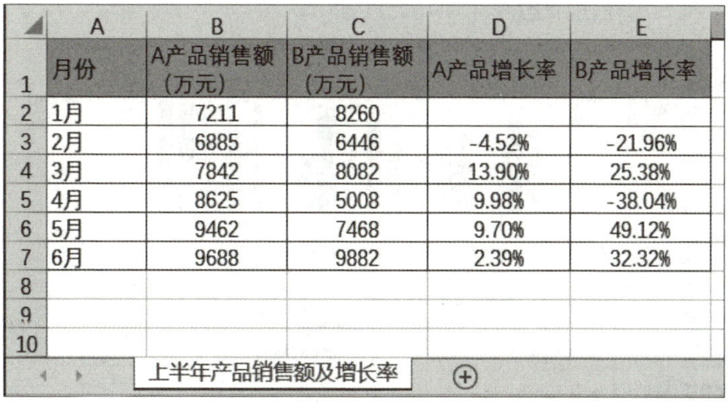

| | A | B | C | D | E |
|---|---|---|---|---|---|
| 1 | 月份 | A产品销售额（万元） | B产品销售额（万元） | A产品增长率 | B产品增长率 |
| 2 | 1月 | 7211 | 8260 | | |
| 3 | 2月 | 6885 | 6446 | -4.52% | -21.96% |
| 4 | 3月 | 7842 | 8082 | 13.90% | 25.38% |
| 5 | 4月 | 8625 | 5008 | 9.98% | -38.04% |
| 6 | 5月 | 9462 | 7468 | 9.70% | 49.12% |
| 7 | 6月 | 9688 | 9882 | 2.39% | 32.32% |
| 8 | | | | | |
| 9 | | | | | |
| 10 | | | | | |

上半年产品销售额及增长率

图 3 - 2 - 24　产品销售额及增长率相关数据

【步骤 2】选择 A1:E9 区域数据，在 Excel 工作表中，单击“插入”，在“图表”分组中选择插入柱形图或条形图。在显示的对话框中，选择“二维柱形图”里的“簇状柱形图”，完成效果如图 3 - 2 - 25 所示。

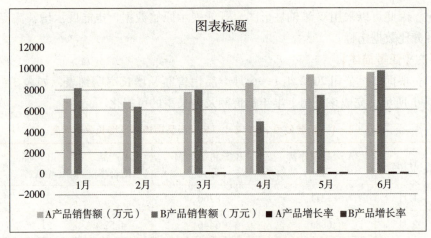

图 3-2-25　产品销售额及增长率簇状柱形图

观察图 3-2-25 可发现，图中并未显示出产品增长率的变化情况，因此要为数据系列重新选择图表类型和坐标轴，从而使数据展示更加全面具体。

【步骤3】用鼠标右击图表区域内柱形图，在弹出的对话框中选择"更改图表类型"选项。将增长率的图表类型更改为"带标记的堆积折线图"，并勾选"次坐标轴"，如图 3-2-26 所示。

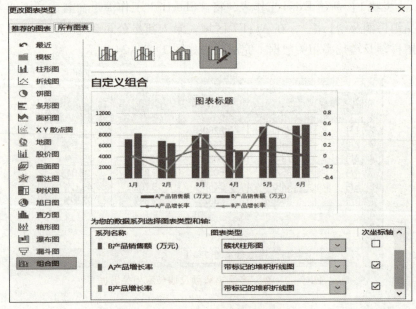

图 3-2-26　更改图表类型

观察图 3-2-26 可以发现，对于双 Y 轴柱形图，主次坐标轴的零点与横坐标轴的对应位置并不一致，因此要对默认的双 Y 轴图效果进行优化，调整主次坐标轴的最大最小值、百分比显示格式。

【步骤4】选取主坐标轴并单击右键，选择"设置坐标轴格式"，在"坐标轴选项"设置边界最大值与最小值并调整单位，如图3-2-27所示。次坐标轴采用同样的操作进行设置，在"坐标轴选项"设置边界最大值与最小值并调整单位，在"数字"选项将"类别"改为百分比，小数位数改为0，如图3-2-28所示。

图3-2-27 设置坐标轴格式

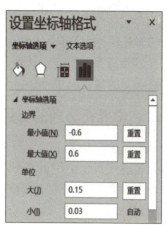

图3-2-28 设置坐标轴选项

【步骤5】选择折线图，添加数据标签，并填充颜色。

【步骤6】设置图标题名称为"上半年产品销售额及增长率"，完成效果如图3-2-29所示。

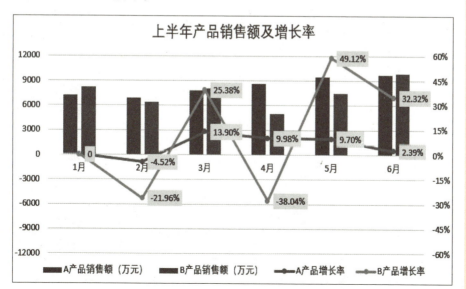

图3-2-29 上半年产品销售额及增长率

## 子任务三 帕累托法销售数据分析

在实际工作中,研究分析销售数据时,除了将不同期间的销售额和增长率进行比较外,还需要分析同一期间内,不同客户带来的收入额占比情况,以便分析和总结出更多影响销售收入的因素,为公司制定更科学的销售方案。

### 一、帕累托法则的含义

帕累托法则(Pareto Principle),也称为80/20法则,是以意大利经济学家维尔弗雷多·帕累托的名字命名的。帕累托认为,在任何一组东西中,最重要的只占其中一小部分。因此,该法则又称为80/20法则。

### 二、帕累托法则的应用

帕累托法则是关于效率与分配的判断方法。在任何大系统中,约80%的结果是由该系统中约20%的变量产生的。应用在企业中,就是80%的利润来自20%的项目或重要客户。

【任务描述】

已知新星公司2022年9月前十大客户收入的相关信息,如表3-2-2所示,完成该公司前五大客户收入累计占比的可视化。

表3-2-2 前十大客户收入的相关信息

| 客户 | 收入/万元 | 占比/% | 累计占比/% |
| --- | --- | --- | --- |
|  |  |  | 0.0 |
| A | 6645 | 31.0 | 31.0 |
| B | 3828 | 17.9 | 49.9 |
| C | 3002 | 14.0 | 62.9 |
| D | 2865 | 13.4 | 76.3 |
| E | 1294 | 6.0 | 82.3 |
| F | 899 | 4.2 | 86.5 |
| G | 864 | 4.0 | 90.5 |
| H | 726 | 3.4 | 93.9 |
| I | 648 | 3.0 | 96.9 |
| J | 420 | 2.0 | 98.9 |
| K | 233 | 1.1 | 100.0 |
| 合计 | 21424 | 100 |  |

【步骤1】新建Excel工作表，将"Sheet1"工作簿重命名为"帕累托图"，在A1:D14区域，录入新星公司2022年9月客户收入相关数据。

【步骤2】选择A1:B13和D1:D13区域的数据，在Excel工作栏中，在"插入"-"图表"中选择插入柱形图或条形图。在显示的对话框中，选择"二维柱形图"里的"簇状柱形图"，完成效果如图3-2-30所示。

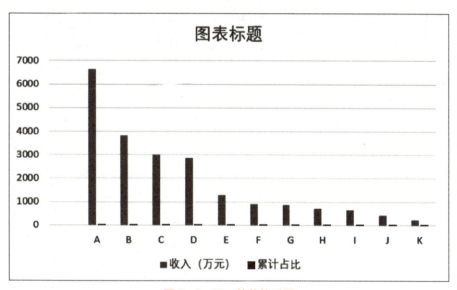

图3-2-30　簇状柱形图

观察图3-2-30可发现，图中并未显示出客户收入累计占比的变化情况，因此要为数据系列重新选择图表类型和坐标轴，从而使数据展示更加全面具体。

【步骤3】用鼠标右击图表区域内柱形图，在弹出的对话框中选择"更改图表类型"选项。将累计占比数据系列的图表类型更改为"带标记的堆积折线图"，并勾选"次坐标轴"。

观察完成后的效果图发现，对于前五大客户收入累计占比超过80%的特征没有完全凸显。继续通过以下步骤进一步优化调整。

【步骤4】设置坐标轴格式，在坐标轴选项中，将边界最小值和最大值分别设为0.0和1.0，主要单位设置为0.8，单击图片，在"图表元素"-"网格线"选项中，取消"主轴主要水平网格线"，勾选"次轴主要水平网格线"，如图3-2-31所示。

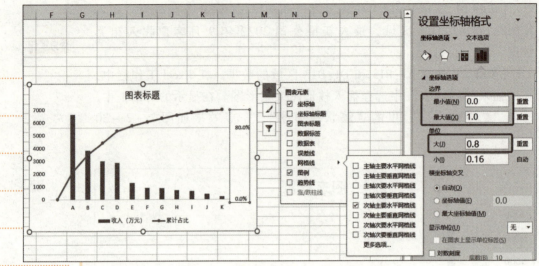

图 3-2-31　设置坐标轴格式

【步骤5】设置并修改次横坐标轴。首先单击图片，在"图表元素"-"坐标轴"选项中，勾选"次要横坐标轴"，再将此横坐标轴位置修改为"在刻度线上"，修改后，使折线以原点为起点，如图3-2-32所示。

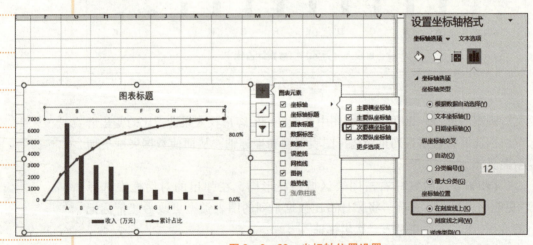

图 3-2-32　坐标轴位置设置

【步骤6】为使图片美观整洁，隐藏次横坐标轴刻度线和标签。在"填充"与"线条"选项中，勾选"无线条"，在"坐标轴选项"-"标签"选项中，将"标签位置"修改为"无"，如图3-2-33所示。

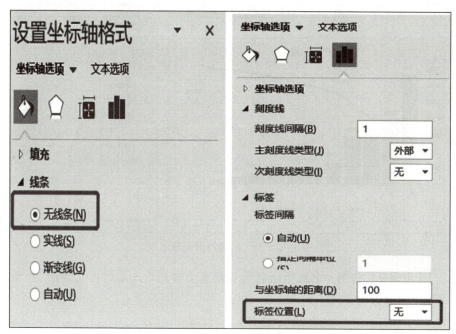

图 3-2-33 坐标轴线条及标签设置

【步骤7】调整收入数据范围,用右键单击图片,单击"选择数据",在弹出的对话框中,对"收入(万元)"数据进行编辑,将系列值改为"=帕累托图!$B$3:$B$13",如图 3-2-34 所示。

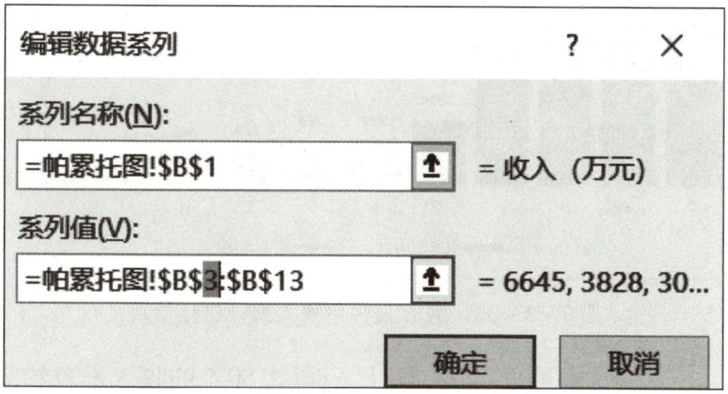

图 3-2-34 编辑数据系列

【步骤8】选择柱形图,在"系列选项"中,将"间隙宽度"改为20%,为柱形图和折线图添加数据标签,如图 3-2-35 所示。

98 财务大数据分析与实务

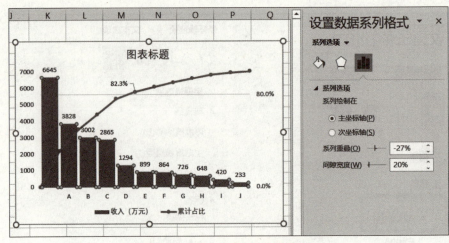

图 3-2-35 设置系列间隙宽度

【步骤9】将图片名称重命名为"前五大客户收入累计占比情况"。最终完成效果如图 3-2-36 所示。

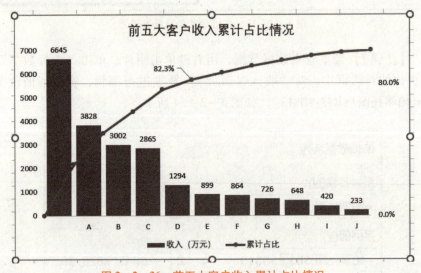

图 3-2-36 前五大客户收入累计占比情况

从图 3-2-36 中可以看出,新星公司约 80% 的收入来自约 20% 的少数几个客户,这就是所谓的二八定律,所以公司应注重对这几个大客户的维护,对他们的需求应加强重视,建立长期合作关系。同时应注重风险防控,任何一个大客户的流失,都会对企业造成很大的影响,要在加强维护老客户的同时,开发新的客户。另外,要认真评估客户的信用风险,制定合理的信用政策,提高应收账款的利用效率。帕累托法则的关键是抓住重点,区别对待,分类控制,实现利润最大化。

拓展阅读:帕累托法则在分析经济现象中的应用

## 子任务四　动态销售数据分析

在财务数据分析中,常常需要根据时间、产品型号、地区等项目,分析在同一期间内,不同客户带来的收入占比情况,以便分析和总结出更多影响销售收入的因素,为公司制定更科学的销售方案。

【任务描述】

已知新星公司2022年第四季度在部分地区的销售情况,为了制定下一季度的销售计划,需要根据现有数据,通过数据透视表,分析第四季度在不同地区的销量情况和不同商品的销售占比,并进行可视化处理。

【步骤1】选择A1:I50区域的数据,在Excel工作栏中,单击"插入"选项卡下"表格"分组里的"数据透视表"按钮,在"创建数据透视表"对话框中,将"选择放置数据透视表的位置"选择"新工作表"。

【步骤2】选择"数据透视表字段列表"中的"省份"字段,将其拖曳到"行标签"选项处,或者用右键单击"省份"字段,在弹出的快捷菜单中选择"添加到行标签"。使用相同的操作方法,将"销售城市"字段添加到"行标签"中,将"销售额(元)"字段添加到"Σ数值"区域中。

【步骤3】复制透视表并粘贴到下方,在"行标签"中删除"省份"和"城市"字段,选择"商品型号"字段,将其拖曳到"行标签"选项处,单击"求和项:销售额(元)"旁的三角下拉按钮,选择"值字段设置",将"值显示方式"改为"总计的百分比",完成后效果如图3-2-37所示。

【步骤4】通过插入图表的操作,将省份城市透视表生成柱状图,将产品透视表生成环状图,添加上数据标签并

| 行标签 | 求和项:销售额(元) |
|---|---|
| ⊟广东省 | 24743002 |
| 　广州 | 24743002 |
| ⊟陕西省 | 3323453 |
| 　西安 | 3323453 |
| ⊟四川省 | 7441076 |
| 　成都 | 7441076 |
| ⊟云南省 | 16235709 |
| 　昆明 | 16235709 |
| 总计 | 51743240 |

| 行标签 | 求和项:销售额(元) |
|---|---|
| A产品 | 4.49% |
| B产品 | 2.33% |
| C产品 | 7.87% |
| D产品 | 34.34% |
| E产品 | 17.41% |
| F产品 | 33.56% |
| 总计 | 100.00% |

图3-2-37　数据透视表效果图

调整标签位置，完成效果如图3-2-38所示。

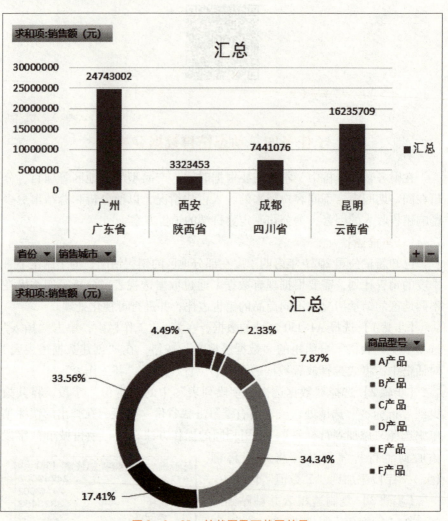

图3-2-38 柱状图及环状图效果

【步骤5】选择省份城市透视表，在"分析"-"筛选"中选择"插入切片器"，在"插入切片器"对话框中选择"省份"字段，选择生成的切片器，在"选项"中调整切片器样式，设置切片器列数为"4"，调整切片器大小，如图3-2-39和图3-2-40所示。

【步骤6】选择省份城市透视表，在"分析"-"筛选"中选择"插入日程表"，在"插入日程表"对话框中选择"日期"字段，在生成的日程表中将日程改为"月"，完成效果如图3-2-41所示。

# 项目三 营运数据分析

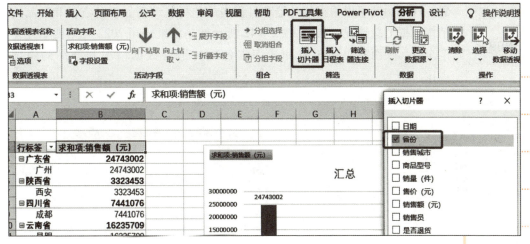

图3-2-39 插入切片器

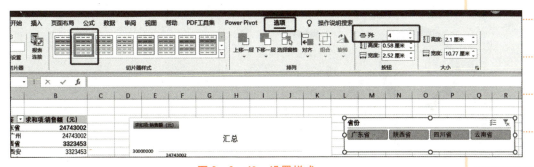

图3-2-40 设置样式

图3-2-41 日程表效果图

由于默认的切片器和日程表只能控制一个数据透视表，因此需要进一步优化，实现同时控制多个数据透视表的目的。

【步骤7】选择切片器，在"选项"中选择"报表连接"，在弹出的对话框中，将两个数据透视表都勾选上。按照同样的操作，对日程表进行设置。这样，就可以根据切片器和日程表的选择，动态显示各省份和产品的销售数据汇总情况，如图3-2-42所示就是新星公司2022年第四季度在广东省、陕西省、四川省和云南省各地的销售数据情况和产品的销售占比。

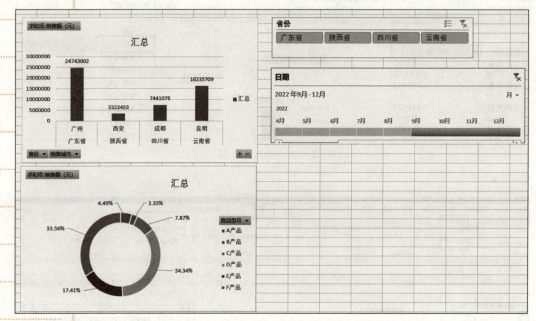

图3-2-42 第四季度各地销售情况和产销比

"做强实体经济，横向降本增效、纵向提质升级，这不仅需要实体产业在转型中提升价值链，而且需要数字技术与实体经济深度融合催生的新型实体企业来'助攻'。"中国政策科学研究会经济政策委员会副主任徐洪才分析称，"新型实体企业不断涌现，将推动政策与制度创新，为实体经济高质量发展做出贡献。"当前在"以实助实"方面，京东拥有诸多经验。8月13日，京东正式对外发布《新型实体企业京东全景图》，解码自身的新型实体企业发展经验和"以实助实"路径。

京东"以实助实"的经验体现在乡村振兴、大型企业与中小企业三个方面。曾晨介绍，京东在乡村振兴方面提出"奔富计划"，形成消费升级与农业现代化之间"质量越高－消费者越满意－农户收益越高－改善生产－提供更多高质量农产品"的正向循环。同时，在助力大型企业打造"数字大脑"方面，京东充分发挥了自身的供应链与技术服务能力。例如，京东科技为中联重科打造的"泵送机械 AI 专家诊断系统",将人工智能技术应用在工程机械故障排查领域,每年可帮助中联重科售后团队节省故障排查时间 4200 小时,为研发工程师节省 2000 小时的电话支持时间,单次设备维修时间缩短了 20% 以上,为单产品线创造间接经济效益超过 230 万元。

此外,京东力促中小微企业成长降本增效,其供应链连接着全国 300 多个城市数百万中小门店,以及超过 180 个产业带的制造工厂,通过京东"厂直优品计划"向工厂提供包括技术、金融、物流等在内的系统化解决方案。此外,京东的"满天星计划"在全国各地启动"一城一策"式专项服务,截至 2021 年 6 月,已覆盖全国 26 个城市,支持近 25 万家中小企业复工复产。

## 训练题

1. 已知新星公司 2022 年 10 月各类产品的销售情况,如表 3-2-3 所示,计算产品销售占比,并绘制复合条饼图展示。

表 3-2-3 各类产品的销售情况

| 产品类别 | | 销售额/元 |
|---|---|---|
| 沐浴露 | 沐浴露 | 180379 |
| 洗手液 | 洗手液 | 258258 |
| 洗发水 | 洗发水(去屑) | 253916 |
| | 洗发水(柔顺) | 65790 |
| | 洗发水(滋养) | 124089 |

2. 已知新星公司 2022 年 10 月前十大地区收入的相关信息,如表 3-2-4 所示,完成该公司前五大地区收入累计占比的可视化,通过帕累托法则分析主要地区,并通过图表展示。

表 3-2-4 前十大地区收入的相关信息

| 地区 | 收入/万元 |
|---|---|
| 上海 | 8897 |
| 北京 | 7786 |
| 南京 | 6754 |
| 杭州 | 4564 |

续表

| 地区 | 收入/万元 |
|---|---|
| 广州 | 1246 |
| 宁波 | 897 |
| 厦门 | 756 |
| 苏州 | 643 |
| 武汉 | 430 |
| 成都 | 323 |

# 项目四

# 投资数据分析

企业投资决策作为企业所有决策中最关键和最重要的决策内容之一，是指为了实现其预期的投资目标，运用一定的科学理论、方法和手段，通过一定的程序对投资活动中重大问题所进行的分析、判断和方案选择。大数据能提高企业的投资决策能力。企业的资金是有限的，如何将其应用于可能的投资项目，提高资金使用的成功率和效率，是企业决策水平高低的主要体现。大数据可以通过分析每一个投资项目的成本和收益水平，准确预见项目的未来运行状况，从而提高决策能力。

**思政目标**

1. 培养学生的工匠精神，使其做到严谨、细致、专业
2. 培养学生的团队意识和创新精神
3. 培养学生的自主学习能力
4. 培养学生的沟通交流能力

**知识目标**

1. 了解净现值、投资回收期、内含报酬率的概念
2. 掌握投资项目评价方法
3. 掌握混合成本约束条件的设置
4. 了解本量利分析的目的，理解本量利分析的主要内容

> **技能目标**
>
> 1. 能运用净现值函数评价项目投资水平
> 2. 能计算项目投资回收期
> 3. 能对混合成本生产方案进行规划求解
> 4. 能建立本量利分析基本模型和动态本量利分析模型

# 任务一 投资项目评价

## 子任务一 净现值分析

### 一、净现值法

净现值 NPV（Net Present Value），指的是一个项目预期现金流入的现值与预期现金支出的现值差额，即所有现金变动都折现到当前时点的净值。净现值为正值的项目可以为股东创造价值，净现值为负值的项目会损害股东价值。

评价标准：单一项目投资，净现值＞0；互斥项目投资，净现值大于零且金额最大的为最优方案。

### 二、现值指数法

现值指数又称获利指数，是指投资项目未来报酬的净现金流量的现值与投资总额现值之比，用来说明每 1 元投资额未来可以获得报酬的现值多少。换句话说，现值指数是指投资项目经营期各年的净现金流量的现值总和与原始投资现值总和之比。现值指数与净现值的不同之处在于，现值指数是相对指标，它可使不同方案具有可比性。

评价标准：单一项目投资决策，现值指数大于或等于 1；在互斥方案决策中，获利指数大于 1 且指数最大的为最优方案。

### 三、净现值函数 NPV

NPV 函数的功能是基于一系列现金流和固定的各期贴现率，返回一项投资的净现值。这里的投资净现值是指未来各期现金流的现值总和。NPV 函数的语法格式为：

NPV(rate,value1,value2,…)

其中的参数说明如下:

rate:各期贴现率,是一个固定值。

value1,value2,…:支出及收入的1~254个参数,value1是必需的,后续值可选。value1,value2,…在时间上必须具有相等的间隔,并且都发生在期末,现金流流入时为正数,流出时为负数。NPV函数按次序使用value1,value2,…来注释现金流的次序,因此一定要保证现金流的数额按正确的顺序输入。

NPV函数忽略以下类型的参数:参数为空白单元格、逻辑值、数字的文本表示形式、错误值或不能转化为数值的文本。若参数是一个数组或引用,则只计算其中的数字。数组或引用中的空白单元格、逻辑值、文本或错误值将被忽略。

【任务描述】

已知新星公司有3个投资项目可供选择,各个项目的初始投资和各年净收益如表4-1-1所示。假设市场利率为5%。

表4-1-1  各个项目的初始投资和各年净收益                元

| 投资方案 | 年初投资 | 每年净收益 | | | |
| --- | --- | --- | --- | --- | --- |
| | | 第一年 | 第二年 | 第三年 | 第四年 |
| 项目1 | 80000 | 25000 | 30000 | 35000 | 20000 |
| 项目2 | 100000 | 30000 | 45000 | 40000 | 30000 |
| 项目3 | 120000 | 45000 | 50000 | 30000 | 0 |

【任务要求】

请分别用净现值法、现值指数法,对三个投资方案进行比较,并确定最佳投资方案。

【任务分析】

首先运用不同的投资决策评价方法计算各投资项目的值;然后对同一投资决策评价方法下的方案决策值进行对比分析,找到该方法下的最佳投资方案;对不同投资决策评价方法下的最佳投资方案进行比较,分析为什么存在不同的结果;最后,尝试运用Excel函数组合设计选择不同的投资决策评价方法,生成动态决策结果。

【操作步骤】

【步骤1】根据已知数据资料,构建项目投资决策分析模型。新建Excel工作表,将"Sheet1"工作簿重命名为"投资决策评价对比分析",

根据任务资料，在 A1:K7 区域建立项目投资决策分析模型。效果如图 4-1-1 所示。

| | A | B | C | D | E | F | G | H | I |
|---|---|---|---|---|---|---|---|---|---|
| 1 | 项目投资决策分析模型 | | | | | | | | |
| 2 | 投资方案 | 资本成本 | 年初投资 | 各年净收益 | | | | 决策评价方法 | |
| 3 | | | | 第一年 | 第二年 | 第三年 | 第四年 | 净现值 | 现值指数 |
| 4 | 项目1 | | | | | | | | |
| 5 | 项目2 | | | | | | | | |
| 6 | 项目3 | | | | | | | | |
| 7 | 决策方法 | | | 决策结果 | | | | | |

图 4-1-1　项目投资决策分析模型

【步骤2】计算各项目的净现值。在 H4 单元格内输入以下公式，并将公式向下复制填充到 H6 单元格。

=NPV(B4,C4:G4)

【步骤3】计算各项目的现值指数。在 J4 单元格内输入以下公式，并将公式向下复制填充到 J6 单元格。

=NPV(B4,D4:G4)/-C4

【步骤4】计算在不同决策评价方法下的最佳投资决策方案，对模型计算结果进行对比分析。在 F7 单元格内输入以下公式：

="建议您选择"&IF(MATCH(B7,H3:K3,0)<=3,INDEX(A4:A6,MATCH(MAX(OFFSET(H4:H6,0,MATCH(B7,H3:K3,0)-1,3,1)),OFFSET(H4:H6,0,MATCH(B7,H3:K3,0)-1,3,1),0)),INDEX(A4:A6,MATCH(MIN(OFFSET(H4:H6,0,MATCH(B7,H3:K3,0)-1,3,1)),OFFSET(H4:H6,0,MATCH(B7,H3:K3,0)-1,3,1),0)))

【步骤5】设置决策方法，选择下拉列表，如图 4-1-2 所示。

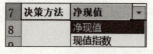

图 4-1-2　下拉列表

【步骤6】选择不同的投资决策评价方法，动态产生的决策对比结果如图 4-1-3 所示。

| 投资方案 | 资本成本 | 年初投资 | 各年净收益 | | | | 决策评价方法 | |
|---|---|---|---|---|---|---|---|---|
| | | | 第一年 | 第二年 | 第三年 | 第四年 | 净现值 | 现值指数 |
| 项目1 | 5% | -80000 | 25000 | 30000 | 35000 | 20000 | 16,865 | 1.22 |
| 项目2 | 5% | -100000 | 30000 | 45000 | 40000 | 30000 | 27,259 | 1.29 |
| 项目3 | 5% | -120000 | 45000 | 50000 | 30000 | 0 | -5,596 | 0.95 |
| 决策方法 | 净现值 | 决策结果 | | | | 建议您选择项目2 | | |

表头：项目投资决策分析模型

图4-1-3 项目投资决策分析模型对比结果

## 子任务二 投资回收期分析

投资回收期是指在不考虑资金时间价值的条件下，投资项目净收益回收全部投资所需要的时间，一般用年来表示，回收期越短，说明方案越好。投资回收期包括静态投资回收期和动态投资回收期。

### 一、静态投资回收期

静态投资回收期是指在不考虑资金时间价值的情况下，用投资项目经营期的净现金流量回收初始投资所用的时间。

在初始投资以后，未来各期净现金流量相等时，静态投资回收期的计算公式为：

$$静态投资回收期 = 初始投资额 / 年净现金流量$$

在初始投资以后，未来各期净现金流量不相等时，静态投资回收期的计算公式为：

$$静态投资回收期 = (n-1) + |(n-1)年尚未回收的投资| / 第n年的净现金流量$$

式中，$n$ 为累计净现金流量第一次出现正值的年份。

### 二、动态投资回收期

动态投资回收期又称折现投资回收期，是指在考虑资金时间价值的情况下，用投资项目经营期的净现金流量的现值回收初始投资所用的时间。动态投资回收期的计算公式为：

$$动态投资回收期 = (n-1) + |(n-1)年尚未回收的投资| / 第n年净现金流量的现值$$

式中，$n$ 为累计净现金流量的现值第一次出现正值的年份。

评价标准：若该项目投资回收期小于基准投资回收期或其他项目投资

回收期，则该方案可行，否则不可行。缺点：忽略时间价值，只考虑回收之前的投资效果，忽略投资收回以后各期的投资收益情况。

【任务描述】

新星公司某投资项目期初投资100万元，经营期10年，第1~2年分别投入50万元和40万元，第2~4年分别获得收入80万元、90万元和100万元，第5~10年稳定经营，预计每年获得收入200万元，折现率为8%，在不考虑其他因素的情况下，该项目多长时间能收回投资？

【步骤1】根据任务描述，制作出一份现金流量估算表，如图4-1-4所示，其中累计税前净现金流量分为静态和动态，不考虑资金时间价值（折现率为0）的累计净现金流量为静态，考虑资金时间价值（折现率为8%）的累计净现金流量为动态。

| | A | B | C | D | E | F | G | H | I | J | K | L |
|---|---|---|---|---|---|---|---|---|---|---|---|---|
| 1 | | | | 项目现金流量估算表 | | | | | | 单位：万元 | | |
| 2 | | 期初 | 经营期 | | | | | | | | | |
| 3 | | 0 | 1 | 2 | 3 | 4 | 5 | 6 | 7 | 8 | 9 | 10 |
| 4 | 现金流入 | | | 80 | 90 | 100 | 200 | 200 | 200 | 200 | 200 | 200 |
| 5 | 现金流出 | 100 | 50 | 40 | | | | | | | | |
| 6 | 税前净现金流量 | | | | | | | | | | | |
| 7 | 累计税前净现金流量（静态） | | | | | | | | | | | |
| 8 | 累计税前净现金流量（动态） | | | | | | | | | | | |

图4-1-4 现金流估算

【步骤2】分别计算累计税前净现金流量（静态）和累计税前净现金流量（动态）。

计算累计税前净现金流量（静态），在单元格C7中输入公式并向右填充。

$$=SUM(\$B\$6:C6)$$

计算累计税前净现金流量（动态），在单元格C8中输入公式并向右填充。

$$=\$B\$6+NPV(8\%,\$C\$6:C6)$$

完成效果如图4-1-5所示。

| | A | B | C | D | E | F | G | H | I | J | K | L |
|---|---|---|---|---|---|---|---|---|---|---|---|---|
| 1 | | | | 项目现金流量估算表 | | | | | | 单位：万元 | | |
| 2 | | 期初 | 经营期 | | | | | | | | | |
| 3 | | 0 | 1 | 2 | 3 | 4 | 5 | 6 | 7 | 8 | 9 | 10 |
| 4 | 现金流入 | | | 80 | 90 | 100 | 200 | 200 | 200 | 200 | 200 | 200 |
| 5 | 现金流出 | 100 | 50 | 40 | | | | | | | | |
| 6 | 税前净现金流量 | -100 | -50 | 40 | 90 | 100 | 200 | 200 | 200 | 200 | 200 | 200 |
| 7 | 累计税前净现金流量（静态） | -100 | -150 | -110 | -20 | 80 | 280 | 480 | 680 | 880 | 1080 | 1280 |
| 8 | 累计税前净现金流量（动态） | | -146 | -112 | -41 | 33 | 169 | 295 | 412 | 520 | 620 | 713 |

图4-1-5 现金流估算模型

【步骤3】分别计算静态投资回收期和动态投资回收期。

在单元格 B10 中输入公式：
$$= 3 + (-E7)/(-E7 + F7)$$

在单元格 B11 中输入公式：
$$= 3 + (-E8)/(-E8 + F8)$$

完成效果如图 4-1-6 所示。

| | A | B | C | D | E | F | G | H | I | J | K | L |
|---|---|---|---|---|---|---|---|---|---|---|---|---|
| 1 | | | | 项目现金流量估算表 | | | | | | 单位：万元 | | |
| 2 | | 期初 | 经营期 | | | | | | | | | |
| 3 | | 0 | 1 | 2 | 3 | 4 | 5 | 6 | 7 | 8 | 9 | 10 |
| 4 | 现金流入 | | | 80 | 90 | 100 | 200 | 200 | 200 | 200 | 200 | 200 |
| 5 | 现金流出 | 100 | 50 | 40 | | | | | | | | |
| 6 | 税前净现金流量 | -100 | -50 | 40 | 90 | 100 | 200 | 200 | 200 | 200 | 200 | 200 |
| 7 | 累计税前净现金流量（静态） | -100 | -150 | -110 | -20 | 80 | 280 | 480 | 680 | 880 | 1080 | 1280 |
| 8 | 累计税前净现金流量（动态） | | -146 | -112 | -41 | 33 | 169 | 295 | 412 | 520 | 620 | 713 |
| 9 | | | | | | | | | | | | |
| 10 | 静态投资回收期 | 3.20 | | | | | | | | | | |
| 11 | 动态投资回收期 | 3.55 | | | | | | | | | | |

图 4-1-6　投资回收期计算模型

上述计算方法还不是自动的，如果前提的变化导致现金流估算值的变动，那么投资回收期可以自动计算出来吗？可以使用 INDEX 函数和 MATCH 函数计算。

### 1. INDEX 函数

INDEX 函数是在给定的单元格区域中，返回指定相对列或行序号单元格的值或引用。

语法格式为：

> INDEX(array,row_num,column_num)

其中，array 表示单元格区域或数组常量；row_num 是数组或引用中要返回值的行序号；column_num 是数组或引用中要返回值的列序号，可以省略。

注意：row_num，column_num 两个参数至少保留其一，如果两个参数同时使用，则返回 row_num 和 column_num 交叉处单元格中的值；该函数常常与 MATCH 函数结合使用。

### 2. MATCH 函数

MATCH 函数是返回特定值在数组中的相对位置。

语法格式为：

> MATCH(lookup_value,lookup_array,match_type)

其中，lookup_value 表示在数组中所要查找匹配的值，可以是值、文本、逻辑值等；lookup_array 是含有要查找的值的连续单元格区域、一个数组或对某数组的引用;match_type 是数字 1、0 或 -1,升序、无序和降序,默认值为 1,一般用 0 表示。注意:MATCH 函数在查找文本值时,不区分大小写;如果查找匹配不成功,则返回错误值#N/A。

用 INDEX 和 MATCH 函数自动计算投资回收期的步骤如图 4-1-7 所示。

| 13 | 静态投资回收期计算 | | |
|---|---|---|---|
| 14 | 最后1次负值年份 | 3 | =MATCH(0,C7:L7,1) |
| 15 | 最后1次负值金额 | -20 | =INDEX(C7:L7,B14) |
| 16 | 第1次正值金额 | 80 | =INDEX(C7:L7,B14+1) |
| 17 | 静态投资回收期 | 3.2 | =B14-B15/(B16-B15) |
| 18 | 动态投资回收期计算 | | |
| 19 | 最后1次负值年份 | 3 | =MATCH(0,C8:L8,1) |
| 20 | 最后1次负值金额 | -41 | =INDEX(C8:L8,B19) |
| 21 | 第1次正值金额 | 33 | =INDEX(C8:L8,B19+1) |
| 22 | 动态投资回收期 | 3.55 | =B19-B20/(B21-B20) |

图 4-1-7  INDEX 函数和 MATCH 函数应用

## 子任务三  投资收益分析

投资收益分析是进行项目投资决策的基础,一般运用净现值、净年值、内含报酬率、投资回收期等评价方法,进行经济性评价,一般情况下,只要 NPV≥0、NAV≥0、IRR≥I(期望报酬率)或 PP≥期望回收期,就认为该项目投资可以接受,否则予以拒绝。

### 一、内含报酬率函数 IRR

IRR 是返回由数值代表的一组现金流的内含报酬率。

语法格式为:

> IRR(values,guess)

其中,values 表示多笔投资现金支出(负数)及收入的参数值。guess 表示 IRR 函数计算结果的估计值。如果忽略,则假设它为 0.1,并开始进行相应的迭代计算。

注意:参数 values 必须包含至少一个正值和一个负值,且现金流不要求每期完全一样,但一定要按现金流入与流出的时间顺序输入。

### 二、直线折旧函数 SLN

SLN 为求直线法下年折旧额的函数,功能是返回某项固定资产某一年的直线折旧额。

语法格式为:

$$\text{SLN(cost,salvage,life)}$$

其中，cost 为固定资产原值；salvage 为固定资产残值；life 为固定资产进行折旧计算的周期总数。

【任务描述】

新星公司 2022 年欲购买设备一台，以供生产使用，根据市场调查分析和以往经验，预测该设备的购买价格大概为 40000 元，安装成本为 4000 元，估计投入使用后每年投资收入为 13500 元，使用 8 年后该设备的残值为 3000 元，折旧按直线折旧法进行。假设资本成本为 8%。

【任务要求】

对购置该设备投资决策的可行性进行分析。

【任务分析】

（1）根据固定资产原值（购买价格与安装成本）、使用年限、残值等数据，运用直线折旧函数 SLN 计算各年的折旧额；

（2）根据年收入、年折旧、资本成本等数据，运用现值函数 PV 计算购置设备的收益现值；

（3）根据购买投资成本、收益现值及残值现值，计算购买单一设备的收益净现值；

（4）根据单一项目投资决策评价标准，运用 Excel 函数生成动态决策结果。

【操作步骤】

【步骤1】根据已知数据资料，构建项目投资决策分析模型。新建 Excel 工作表，将"Sheet1"工作簿重命名为"项目投资分析"，根据任务描述，建立项目投资决策分析模型。其中 C8 单元格输入公式" =A1/100"，效果如图 4-1-8 所示。

| | A | B | C |
|---|---|---|---|
| 1 | 8 | 单设备购置决策 | |
| 2 | | 项目 | 数值 |
| 3 | | 购买成本 | 40000 |
| 4 | | 安装成本 | 4000 |
| 5 | | 年投资收入 | 13500 |
| 6 | | 使用年限 | 8 |
| 7 | | 残值 | 5000 |
| 8 | | 资本成本 | 8.0% |
| 9 | | 年折旧 | |
| 10 | | 收益现值 | |
| 11 | | 收益净现值 | |
| 12 | | 决策结果 | |

图 4-1-8 单设备购置决策模型

【步骤2】计算年折旧。在C9单元格内输入以下公式：

$$=SLN(C3+C4,C7,C6)$$

【步骤3】计算收益现值。在C10单元格内输入以下公式：

$$=-PV(C8,C6,C5-C9)$$

【步骤4】计算收益净现值。在C11单元格内输入以下公式：

$$=C10-SUM(C3:C4)+C7/(1+C8)\wedge C6$$

【步骤5】计算决策结果。在C12单元格内输入以下公式：

$$=IF(C11>0,"选择此设备","不选择此设备")$$

【步骤6】插入滚动条，控制变动成本变化。在【文件】-【Excel选项】-【自定义功能区】对话框中，启用【开发工具】按钮，在Excel选项卡中，通过【开发工具】-【插入】-【表单控件】，添加【滚动条】（窗体控件）。并在【滚动条】按钮上单击右键，通过【设置控件格式】来进行设置。最小值设为0，最大值设为20，当前值设为8，单元格链接选择"$A$1"，设置效果如图4-1-9所示。

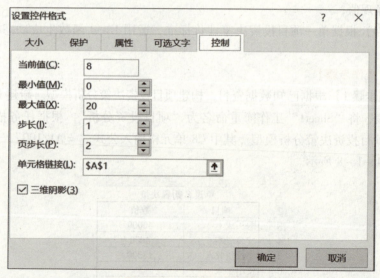

图4-1-9 设置控件格式

【步骤7】计算不同资本成本率下的收益净现值。效果如图4-1-10所示。

| 资本成本 | 收益净现值 |
|---|---|
|  | 8,266 |
| 4% | 17,723 |
| 5% | 15,129 |
| 6% | 12,697 |
| 7% | 10,412 |
| 8% | 8,266 |
| 9% | 6,247 |
| 10% | 4,346 |
| 11% | 2,555 |
| 12% | 865 |
| 13% | −730 |
| 14% | −2,237 |
| 15% | −3,662 |
| 16% | −5,011 |
| 17% | −6,289 |
| 18% | −7,501 |
| 19% | −8,650 |

图 4-1-10　资本灵敏度分析

【步骤8】插入带数据标记的折线图，并进行美化，效果如图4-1-11所示。

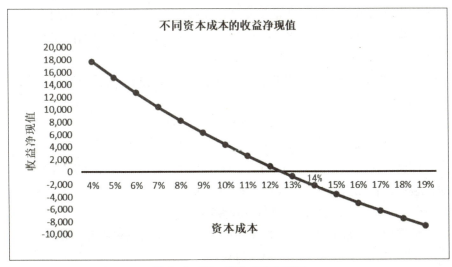

图 4-1-11　资本成本变动图

## 任务二　盈亏平衡分析

### 子任务一　混合成本模型分析

多元化生产是现代企业的一种发展战略,它已经成为企业增强市场竞争力的重要手段。企业进行多元化生产,就必然会面临多种资源的组合使用,产生混合成本问题,那么企业在生产过程中如何进行协调,在混合成本一定的前提下,使企业利润最大化,就成了多元化生产中最关键的环节。

多元化生产面临的是多种要素对目标值的影响,而规划求解常用于解决实际生产中有多个变量和多种条件影响目标值的决策分析。所以使用规划求解来分析混合成本问题比较合适。

【任务描述】

新星公司有汽车生产业务,主要生产两类轿车:一类是四门轿车;另一类是双门轿车。已知每辆四门轿车可获利润 50000 元,而每辆双门轿车可获利 30000 元,公司每个月的生产能力为 50000 小时,装配一辆四门轿车需 12 小时,装配一辆双门轿车需 8 小时。公司每月最多可以生产 16000 扇车门。

【任务要求】

试确定生产四门轿车和双门轿车各为多少辆时,公司获利最大。

【任务分析】

(1) 设定决策变量。当前的问题是要确定生产四门轿车和双门轿车各为多少辆,因此变量就是四门轿车和双门轿车的数量,假设四门轿车的数量为 $x$,双门轿车的数量为 $y$。

(2) 确定目标函数。当前的最终目标是公司获利最大,假设公司获利为 $z$,那么目标函数就是:

$$MAX_z = 50000x + 30000y$$

(3) 列出约束条件。

因为公司每个月的生产能力为 50000 小时,装配一辆四门轿车需 12 小时,装配一辆双门轿车需 8 小时,得到约束条件函数:

$$12x + 8y \leqslant 50000$$

根据公司每月最多可以生产 16000 扇车门,得到约束条件函数:

$$4x + 2y \leqslant 16000$$

因为变量是轿车的数量,所以必须为整数,得到约束条件:$x$、$y$ 为整数。

【操作步骤】

【步骤1】构建利润决策模型。新建 Excel 工作表，将"Sheet1"工作簿重命名为"投资决策评价对比分析"，根据任务资料、前面的目标函数和约束条件建立利润决策模型，如图 4-2-1 所示。

| | A | B | C | D | E | F |
|---|---|---|---|---|---|---|
| 1 | 条件区域: | | | | | |
| 2 | | x | y | 合计 | 关系符号 | 限额 |
| 3 | 目标 | 50000 | 30000 | | | |
| 4 | 条件1 | 12 | 8 | | <= | 50000 |
| 5 | 条件2 | 4 | 2 | | <= | 16000 |
| 6 | 条件3 | 整数 | 整数 | | | |
| 7 | | | | | | |
| 8 | 最优配置 | | | | | |
| 9 | | x | y | z | | |
| 10 | | | | | | |

图 4-2-1 利润决策模型

【步骤2】设置函数。选中单元格 D3，切换到【公式】选项卡，在【函数库】组中单击【数学和三角库】按钮，在弹出的下拉列表中选择【SUMPRODUCT】函数选项。

在函数对话框中，在第 1 个文本框中选择输入单元格区域"$B$10：$C$10"，在第 2 个参数文本框中选择输入单元格区域"B3：C3"，如图 4-2-2 所示。

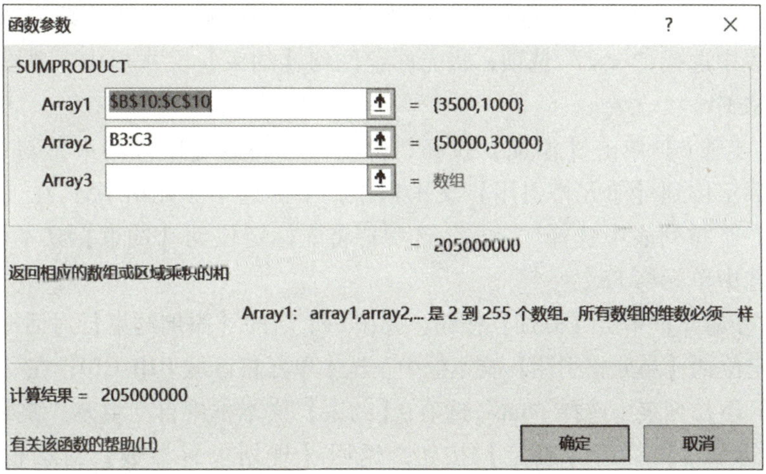

图 4-2-2 设置参数

【步骤3】填充单元格。将单元格 D3 中的公式向下填充至单元格区域 D4:D5。在单元格 D10 中输入公式"=D3",如图 4－2－3 所示。

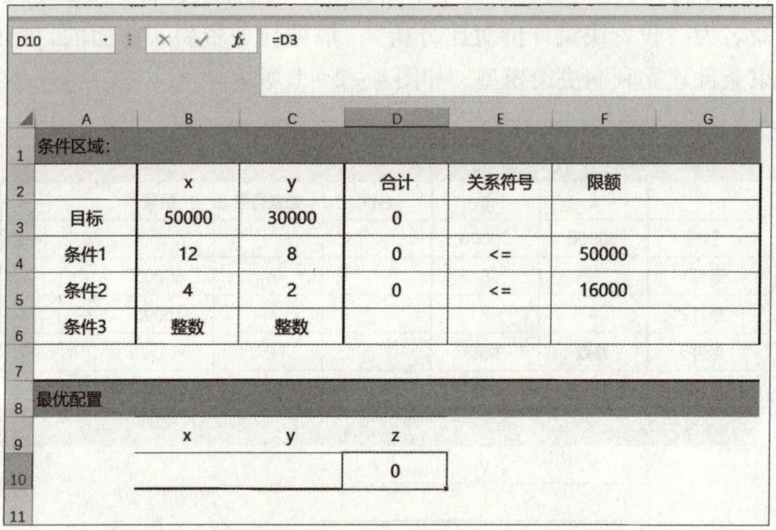

图 4－2－3 公式填充

【步骤4】设置规划求解参数。切换到【数据】选项卡,在【分析】组中单击【规划求解】按钮,在弹出的【规划求解参数】对话框中,将光标定位到【设置目标】文本框中,单击单元格 D3,选中"最大值"单选钮,然后将光标定位到【通过更改可变单元格】文本框中,选择变量所在单元格区域 B10:C10。

【步骤5】单击【添加】按钮,弹出【添加约束】对话框。将光标定位到【单元格引用】文本框中,单击选中单元格 D4;在【关系符号】下拉列表中选择"<="选项;将光标定位到【约束】文本框中,单击选中单元格 F4。

【步骤6】单击【添加】按钮,弹出一个新的【添加约束】对话框。将光标定位到【单元格引用】文本框中,单击选中单元格 D5;在【关系符号】下拉列表中选择"<="选项;将光标定位到【约束】文本框中,单击选中单元格 F5。

【步骤7】单击【添加】按钮,弹出一个新的【添加约束】对话框,将光标定位到【单元格引用】文本框中,选中单元格区域 B10:C10;在【关系符号】下拉列表中选择"int"选项;【约束】文本框中自动填充"整数"。

【步骤8】单击【确定】按钮,返回【规划求解参数】对话框,在【遵守约束】文本框中即可看到添加的所有约束条件,在【选择求解方法】

下拉列表中选择"单纯线性规划"。设置完成效果如图 4-2-4 所示。

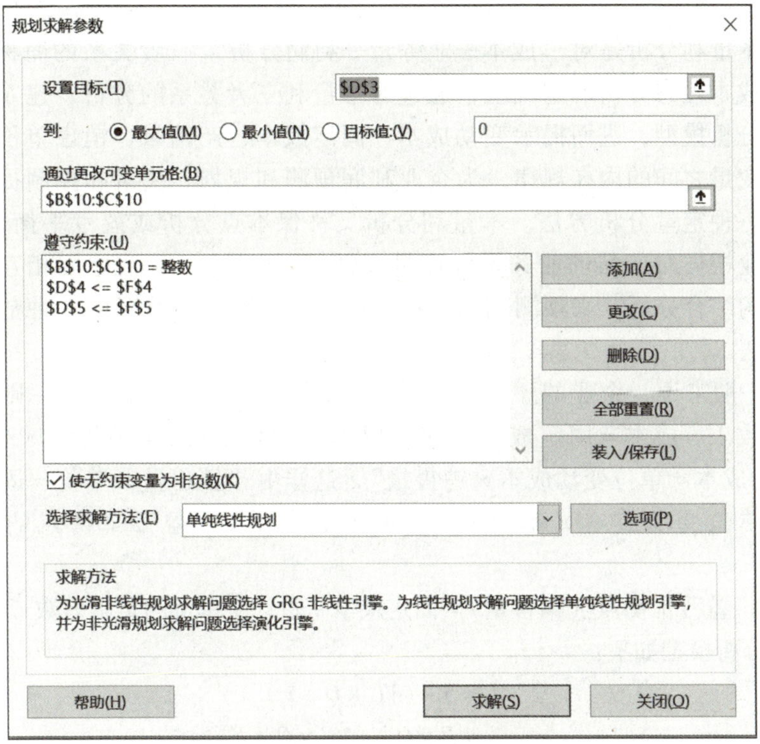

图 4-2-4　设置规划求解参数

【步骤9】单击【求解】按钮，弹出【规划求解结果】对话框，单击【确定】按钮，即可看到求解结果，如图 4-2-5 所示。

| | A | B | C | D | E | F | G |
|---|---|---|---|---|---|---|---|
| 1 | 条件区域： | | | | | | |
| 2 | | x | y | 合计 | 关系符号 | 限额 | |
| 3 | 目标 | 50000 | 30000 | 205000000 | | | |
| 4 | 条件1 | 12 | 8 | 50000 | <= | 50000 | |
| 5 | 条件2 | 4 | 2 | 16000 | <= | 16000 | |
| 6 | 条件3 | 整数 | 整数 | | | | |
| 7 | | | | | | | |
| 8 | 最优配置 | | | | | | |
| 9 | | x | y | z | | | |
| 10 | | 3500 | 1000 | 205000000 | | | |

图 4-2-5　规划求解结果

## 子任务二 本量利分析

本量利分析是对"成本—业务量—利润分析"三者关系的简称,是指在成本性态分析的基础上,通过对本量利三者关系的分析,建立定量化的分析模型,进而揭示变动成本、固定成本、产销量、销售单价和利润等变量之间的内在规律,为企业利润预测和规划、决策和控制提供信息的一种定量分析方法。本量利分析又称保本点分析或盈亏平衡分析,是企业根据对产品的业务量(产量或销量)、成本、利润之间相互制约关系的综合分析,来预测利润、控制成本、判断经营状况的一种数学分析方法。

一般来说,企业的"收入=成本+利润"。如果利润为零,则企业的"收入=成本=固定成本+变动成本",而"收入=销售量×单价""变动成本=单位变动成本×销售量",这样由"销售量×单价=固定成本+单位变动成本×销售量",可以推导出如下盈亏平衡点的计算公式:

盈亏平衡点(销售量)=固定成本÷每计量单位的贡献差数

分析模型如下:

$$I = S - (VC \times Q + F)$$
$$= P \times Q - (VC \times Q + F)$$
$$= (P - VC)Q - F$$

式中,$I$ 为销售利润;$P$ 为产品销售单价;$F$ 为固定成本总额;$VC$ 为单位变动成本;$Q$ 为销售量;$S$ 为销售收入。

在企业生产中,如果由于原材料及人力资本的变化导致产品的单位变动成本增加,最终导致企业利润降低或出现亏损,且扩大生产会使亏损加剧,那么,此时,企业就应该从内部找原因,考虑降低单位变动成本或固定成本,以提高企业利润。但是单位变动成本或固定成本应该降低到什么程度,才可以保证一定的利润呢?这时,企业就可以通过单变量求解来进行本量利分析。

### 【任务描述】

新星公司生产的 A 产品的单位售价是 6000 元,公司的月固定成本为 150000 元,月市场销售量预计为 200 件,但是该产品目前每月的最大生产量为 100 件,若要扩大生产量到 130 件,月固定成本将增加 50000 元。假设 A 产品单位变动成本为 4500 元,扩大生产前的利润将变为 0,扩大生产后的利润为 –5000 元,即亏损。可见企业不能盲目扩大生产。

学习笔记

【任务要求】

假设企业要保持50000元的利润，那么应将单位变动成本或固定成本降低到什么程度？

【操作步骤】

【步骤1】构建本量利模型。新建Excel工作表，将“Sheet1”工作簿重命名为“本量利分析”，根据任务描述，建立本量利模型，效果如图4-2-6所示。

| | A | B | C | D |
|---|---|---|---|---|
| 1 | | 降低单位变动成本 | | |
| 2 | | 市场最大销量 | 目前最大产量 | 固定成本 |
| 3 | | 200 | 100 | 150000 |
| 4 | | 市场单价 | 单位变动成本 | 总利润 |
| 5 | | 6000 | 4500 | 0 |
| 6 | | 降低固定成本 | | |
| 7 | | 市场最大销量 | 目前最大产量 | 固定成本 |
| 8 | | 200 | 100 | 150000 |
| 9 | | 市场单价 | 单位变动成本 | 总利润 |
| 10 | | 6000 | 4500 | 0 |

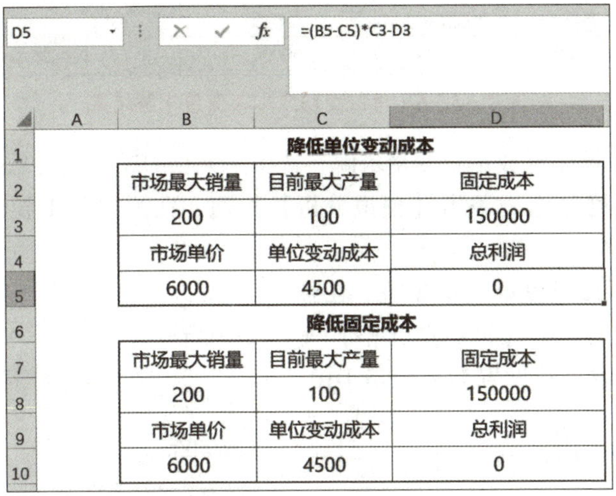

图4-2-6　本量利模型

【步骤2】单位变动成本单变量求解。选中单元格H5，在【数据】选项卡中，在【预测】组中单击【模拟分析】按钮，在弹出的下拉列表中选择“单变量求解”。

【步骤3】设置单变量参数。在弹出的对话框中，把【目标单元格】文本框中的参数自动设置为单元格D5，在【目标值】文本框中输入“50000”，在【可变单元格】文本框中输入单元格“$C$5”，如图4-2-7所示。

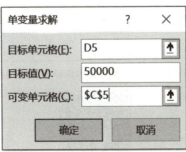

图4-2-7　单变量求解

求解完毕，即可得总利润为 50000 元时的单位变动成本，应降低到 4000 元。效果如图 4-2-8 所示。

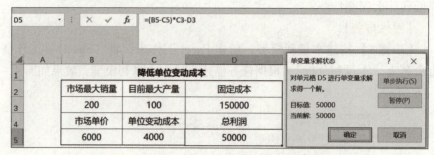

图 4-2-8 单位变动成本单变量求解结果

【步骤4】固定成本单变量求解。选中单元格 D10，在【数据】选项卡中，在【预测】组中单击【模拟分析】按钮，在弹出的下拉列表中选择"单变量求解"。

【步骤5】设置单变量参数。在弹出的对话框中，把【目标单元格】文本框中的参数自动设置为单元格 D10，在【目标值】文本框中输入"50000"，在【可变单元格】文本框中输入单元格"$D$8"，如图 4-2-9 所示。

求解完毕，即可得总利润为 50000 元时的固定成本，应降低到 100000 元。效果如图 4-2-10 所示。

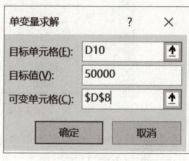

图 4-2-9 单变量求解

图 4-2-10 固定成本单变量求解结果

拓展阅读：企业数字化转型组织陷阱

## 子任务三  动态盈亏平衡图

盈亏平衡点是指能使销售收入总额等于总成本,边际贡献正好抵偿全部固定成本,利润为零,企业处于不盈不亏时的状态,也称为盈亏临界点、保本点。盈亏平衡点分析就是根据成本、销售收入、利润等因素之间的函数关系,预测企业在什么样的情况下达到不盈不亏的状态。

【任务描述】

新星公司新设一条生产线用来生产 B 产品,固定投资 100 万元,最大产量 50000 件,每件产品单位变动成本 70~90 元(包括原材料、人员、税收等支出),每件售价 130~160 元。

【任务要求】

动态分析成本、售价与利润之间的关系,并找出各种情况下的盈亏平衡点。

【操作步骤】

【步骤 1】准备动态盈亏平衡分析数据。新建 Excel 工作表,将 "Sheet1" 工作簿重命名为 "动态盈亏平衡分析",根据任务描述,效果如图 4-2-11 所示。

| | A | B | C | D | E | F | G | H |
|---|---|---|---|---|---|---|---|---|
| 1 | 固定成本 | 1000000 | | | 产量 | 收入 | 成本 | 利润 |
| 2 | 最大产量 | 20000 | | | 0 | 0 | 1000000 | -1000000 |
| 3 | 变动成本 | 80 | | | 2500 | 375000 | 1200000 | -825000 |
| 4 | 产品价格 | 150 | | | 5000 | 750000 | 1400000 | -650000 |
| 5 | 盈亏平衡点产量 | | | | 7500 | 1125000 | 1600000 | -475000 |
| 6 | | | | | 10000 | 1500000 | 1800000 | -300000 |
| 7 | | | | | 12500 | 1875000 | 2000000 | -125000 |
| 8 | | | | | 15000 | 2250000 | 2200000 | 50000 |
| 9 | | | | | 17500 | 2625000 | 2400000 | 225000 |
| 10 | | | | | 20000 | 3000000 | 2600000 | 400000 |
| 11 | | | | | | | | |

图 4-2-11  动态盈亏平衡分析模型

【步骤 2】插入滚动条,控制变动成本变化。在【文件】【Excel 选项】-【自定义功能区】对话框中,启用【开发工具】按钮,在 Excel 选项卡中,通过【开发工具】-【插入】-【表单控件】添加【滚动条】(窗体控件)。

【步骤 3】在【滚动条】按钮上单击右键,打开【设置控件格式】对话框来进行设置。最小值设为 70,最大值设为 90,当前值设为 80,单元格链接选择 "$B$3",设置效果如图 4-2-12 所示。

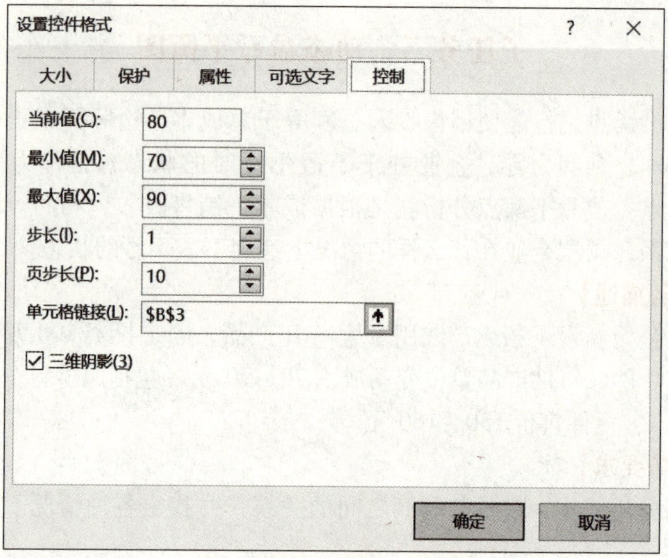

图 4-2-12 设置控件格式

【步骤4】插入滚动条,控制售价变化。在【文件】-【Excel 选项】-【自定义功能区】对话框中,启用【开发工具】按钮,在 Excel 选项卡中,通过【开发工具】-【插入】-【表单控件】添加【滚动条】(窗体控件)。

【步骤5】在【滚动条】按钮上单击右键,打开【设置对象格式】对话框来进行设置。最小值设为130,最大值设为160,当前值设为150,单元格链接选择"$B$4",设置效果如图 4-2-13 所示。

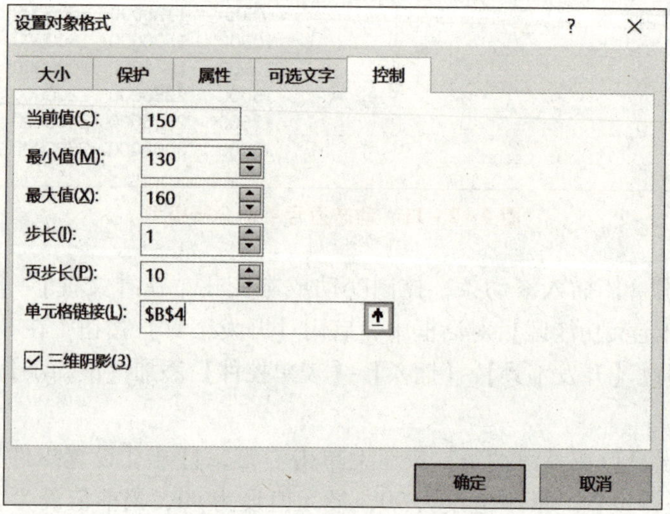

图 4-2-13 设置对象格式

【步骤6】插入图表。在 Excel 工作栏中，在【插入】-【图表】中选择插入带直线的散点图。添加收入、成本和利润的数据并添加图例，完成效果如图 4-2-14 所示。

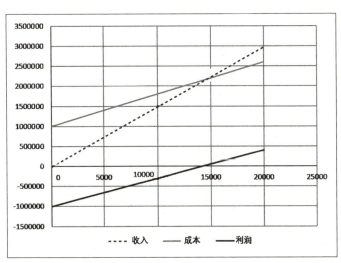

图 4-2-14　收入、成本、利润带直线散点图

【步骤7】计算平衡点。在 B5 单元格输入公式"＝B1/(B4－B3)"，在 C5 单元格输入公式"＝B5＊B4"。

【步骤8】添加盈亏平衡点。在图表上添加"盈亏平衡点"数据系列，图表类型改为带直线和数据标记的散点图，坐标轴改为次坐标轴，按照主坐标轴调整边界最大值和最小值，完成效果如图 4-2-15 所示。

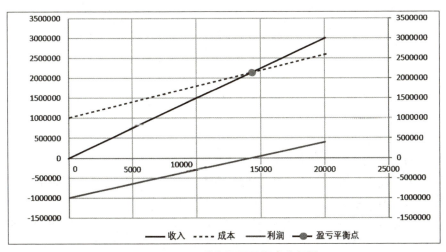

图 4-2-15　动态盈亏平衡点分析图

【步骤9】拖动滚动条，可以观察不同变动成本和售价下所对应的盈亏平衡点动态变化。

### 数字经济促进中国经济稳步向前

2022年，疫情反复，冲击着本就承压的中国经济。在疫情防控常态化下，数字经济的作用更加凸显出来，其能否成为中国经济发展的新动能，也备受关注。虽然数字经济对短期GDP增长的拉动作用有限，但中国数字经济发展的潜力和速度全球领先，拥有广阔的前景。中国数字经济的发展应主要依靠企业和市场机制，充分利用好市场大、人才和资金多的优势。

最新数据显示，2021年我国数字经济发展进入快车道，关键技术创新取得一系列突破。2021年，我国数字经济产业不断壮大，发展韧性显著增强。2021年全年软件信息技术服务业的业务收入增长了17.7%，领先于行业平均水平。制造业数字化步伐也在加快，智能制造装备产业提速，2021年规模以上工业机器人同比增长达到30.8%，3D打印装备同比增长27.7%。有全国影响力的工业互联网平台已经超过150个，"5G+工业互联网"在建项目超过2000个，已经形成了20个典型应用场景和10个重点行业领域，创新应用水平处于全球第一梯队。数字技术对中小企业特别是专精特新企业赋能明显，发展较快。5G移动通信技术、设备和应用、大数据、云计算、区块链等技术水平居于领先地位。当前，我国累计建成开通5G基站142.5万个，5G移动电话用户达3.55亿户。智能手机也进入世界先进行列，在数字经济的基础——集成电路、软件方面，也取得了标志性成果。

## 训练题

1. 新星公司为更新旧机器设备欲购进一台价值1000万元的新设备，有效期为4年，经营期各年的税后净现金流量：第1年为500万元，第2年为400万元，第3年为400万元，第4年为600万元，假定资金成本率为10%。试用净现值法分析该方案的可行性。

2. 新星公司生产一种甲产品，产品单位售价为99元，单位变动成本为60元，全年固定成本为80000元，企业正常的产品销售量为2000件。要求如下：

（1）根据以上资料，在工作表中创建本量利分析基本模型。

（2）假定甲产品的销售量会在 1000~2600 件变动，变化率为 100 件，那么在不同销售量水平下，该企业的利润总额各是多少？

（3）假定甲产品的销售单价会在 99~110 元变动，变化率为 2 元，那么在不同单位售价条件下，其利润总额各是多少？

# 项目五

# 财务报表分析

在大数据和信息化浪潮的推动下,财务人员只是简简单单地记账和做报表已经远远不能满足企业运营管理的需要,借助实用有效的工具建立专业的财务数据分析与展示系统,已经成为企业运营管理、内部控制和战略决策的基本要求。因此企业需要运用大数据技术手段从财务管理系统中动态提取财务数据,进行数据可视化呈现,即时监控企业的财务运行状况,为企业决策提供直观、清晰的依据。

 **思政目标**

1. 具有专注坚守的工匠精神
2. 具备诚意待人、毅以处事的态度
3. 具备为祖国经济发展努力学习的使命感

 **知识目标**

1. 理解财务报表分析的重要意义
2. 熟悉比较分析法及趋势分析法
3. 掌握财务指标分析系统的主要内容
4. 掌握杜邦分析模型

 **技能目标**

1. 能选择合适的方法对财务报表进行分析

2. 能使用动态图表实现数据的更新
3. 能利用杜邦分析体系分析企业数据

## 任务一　财务报表分析

拓展阅读：报表分析工作对财务人员的基本要求

我们看一个企业的财务报表，是为了形成对一个企业比较客观的认识。通过分析财务报表，我们能了解这家企业的盈利能力、偿债能力、营运能力、竞争能力及未来的发展潜力。要弄清楚这些问题，应该对企业有了一个比较清晰的认识。

对财务报表进行分析需要遵循一定的原则，比如，目的明确原则、实事求是原则、全面与系统分析的原则、动态分析的原则、定量与定性分析相结合的原则、成本效益原则等。

### 子任务一　资产结构分析

资产结构是指各种资产占企业总资产的比重。由于企业经营是对各种资产的运用，让其充分发挥作用，产生最大的收益，所以这些不同划分和不同结构的资产，对企业的生产经营和财务活动均会产生不同的影响。

企业资产结构分析表由资产结构表和分析图表两部分组成，下面以2022年年末新星公司的资产结构情况为例，来说明如何构建此表。

这里我们选择应用饼图。饼图通常只有一组数据系列作为源数据，它将一个圆划分为若干个扇形，每个扇形代表数据系列中的一项数据值，其大小用来表示相应数据占该数据系列总和的比例值。因而饼图常用来反映各数据在总体中的构成和占比情况。

2022年新星公司资产负债表如图5-1-1所示。

为了直观地反映资产、负债与股东权益以及流动资产和流动负债各项目的构成情况，可以绘制这些指标构成项目的饼图。

【任务描述1】

为了使绘制的饼图格式美观，在绘图之前应将资产负债表中的金额数字设置成缩小、亿元且带有金额单位的格式显示。

【操作步骤】

【步骤】选中单元格区域B4:B26和单元格区域D4:D26，按"Ctrl+1"组合键打开【设置单元格格式】对话框。在【数字】选项卡下的【分类】列表中选中"自定义"，在右侧的【类型】编辑框中输入格式代码"0!.00,,

|资产|2022年年末|负债与股东权益|2022年年末|
|---|---|---|---|
|流动资产:||流动负债:||
|货币资金|298,093,971.19|短期借款|2,590,000,000.00|
|应收票据|217,053,557.94|应收票据|430,000,000.00|
|应收账款|82,471,385.71|应付账款|2,127,493.01|
|其他应收款|6,928,854.37|预收账款|81,080,524.44|
|应收股利|12,600,000.00|应付职工薪酬|38,549,966.61|
|预付账款|153,418,057.61|应交税费|13,566,155.08|
|存货|114,759,140.16|其他应付款|55,015,610.60|
|其他流动资产||其他流动负债|1,500,000,000.00|
|流动资产合计|885,324,966.98|流动负债合计|4,710,339,749.74|
|非流动资产:||非流动负债:||
|持有至到期投资|1,268,607,723.20|长期借款|1,960,152,124.52|
|长期股权投资|7,429,489,056.35|专项应付款|551,428,552.55|
|固定资产净额|1,395,246,676.62|其他非流动负债|3,005,589.16|
|工程物资|388,165,369.47|非流动负债合计|2,514,586,266.23|
|在建工程|388,446,142.05|负债合计|7,224,926,015.97|
|无形资产||股东权益:||
|长期待摊费用||股本|2,139,739,257.00|
|非流动资产合计|10,869,954,967.69|资本公积|2,682,336,323.11|
|||盈余公积|284,257,006.98|
|||未分配利润|−575,978,668.39|
|||股东权益合计|4,530,353,918.70|
|资产总计|11,755,279,934.67|负债与股东权益总计|11,755,279,934.67|

图 5-1-1 资产负债表

"亿""元"",如图 5-1-2 所示,单击【确定】按钮,完成设置。新格式的资产负债表如图 5-1-3 所示。

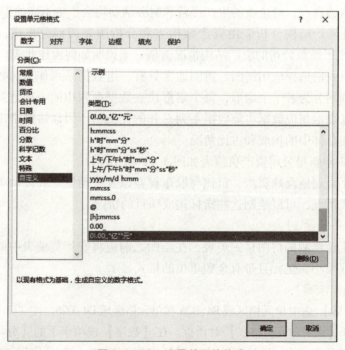

图 5-1-2 设置单元格格式

项目五 财务报表分析 131

| 新星公司资产负债表 2022年年末 | | | |
|---|---|---|---|
| 资产 | 2022年年末 | 负债与股东权益 | 2022年年末 |
| 流动资产： | | 流动负债： | |
| 货币资金 | 2.98亿元 | 短期借款 | 25.90亿元 |
| 应收票据 | 2.17亿元 | 应付票据 | 4.30亿元 |
| 应收账款 | 0.82亿元 | 应付账款 | 0.02亿元 |
| 其他应收款 | 0.07亿元 | 预收账款 | 0.81亿元 |
| 应收股利 | 0.13亿元 | 应付职工薪酬 | 0.39亿元 |
| 预付账款 | 1.53亿元 | 应交税费 | 0.14亿元 |
| 存货 | 1.15亿元 | 其他应付款 | 0.55亿元 |
| 其他流动资产 | | 其他流动负债 | 15.00亿元 |
| 流动资产合计 | 8.85亿元 | 流动负债合计 | 47.10亿元 |
| 非流动资产： | | 非流动负债： | |
| 持有至到期投资 | 12.69亿元 | 长期借款 | 19.60亿元 |
| 长期股权投资 | 74.29亿元 | 专项应付款 | 5.51亿元 |
| 固定资产净额 | 13.95亿元 | 其他非流动负债 | 0.03亿元 |
| 工程物资 | 3.88亿元 | 非流动负债合计 | 25.15亿元 |
| 在建工程 | 3.88亿元 | 负债合计 | 72.25亿元 |
| 无形资产 | | 股东权益： | |
| 长期待摊费用 | | 股本 | 21.40亿元 |
| 非流动资产合计 | 108.70亿元 | 资本公积 | 26.82亿元 |
| | | 盈余公积 | 2.84亿元 |
| | | 未分配利润 | -5.76亿元 |
| | | 股东权益合计 | 45.30亿元 |
| 资产总计 | 117.55亿元 | 负债与股东权益总计 | 117.55亿元 |

图 5-1-3 新格式的资产负债表

**【任务描述 2】**

2022 年年末新星公司资产构成情况如表 5-1-1 所示，绘制资产结构图。

表 5-1-1　2022 年年末新星公司资产构成情况

| 资产项目 | 金额/亿元 |
|---|---|
| 流动资产 | 8.85 |
| 长期资产 | 86.98 |
| 固定资产 | 13.95 |
| 无形资产及其他资产 | 7.77 |
| 资产总额 | 117.55 |

**【操作步骤】**

【步骤 1】选中 A3:B6 单元格区域，单击【插入】选项卡下的【插入饼图或圆环图】-【二维饼图】命令，插入一个默认样式的饼图，如图 5-1-4 所示。

【步骤 2】选中图表标题，按"Delete"键删除。输入新的标题名称为"2022 年年末新星公司资产构成情况"。

【步骤3】双击饼图任一部位,打开【设置数据系列格式】窗格,在【填充与线条】选项卡中,单击【填充】-【颜色】,为饼图每个区域填充合适的颜色,如图5-1-4所示。

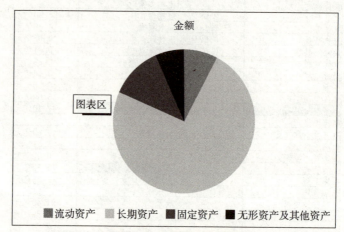

图5-1-4 资产结构饼图

【步骤4】单击图表任意位置,依次单击【图表设计】选项卡下的【添加图表元素】-【数据标签】-【其他数据标签选项】,如图5-1-5所示,打开【设置数据标签格式】窗格,在【标签选项】选项卡中,勾选"值""百分比",如图5-1-6所示,在饼图上显示百分比标签。最终效果如图5-1-7所示。

图5-1-5 其他数据标签选项

图5-1-6 标签设置

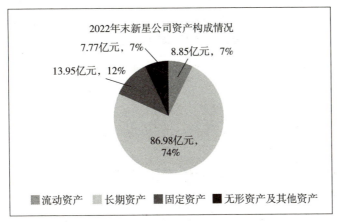

图 5-1-7 资产结构构成图

## 【任务描述 3】

利用复合饼图完成新星公司 2022 年年末流动负债的分析。流动负债数据如表 5-1-2 所示。

表 5-1-2 新星公司 2022 年年末流动负债数据

| 流动负债项目 | 金额/亿元 |
| --- | --- |
| 短期借款 | 25.90 |
| 应收票据 | 4.30 |
| 应付账款 | 0.02 |
| 预收账款 | 0.81 |
| 应付职工薪酬 | 0.39 |
| 应交税费 | 0.14 |
| 其他应付款 | 0.55 |
| 其他流动负债 | 15.00 |
| 流动负债总额 | 47.10 |

【步骤 1】打开数据源"资产负债表"工作表,选择单元格区域 C5:D12,单击【插入】选项卡下的【插入饼图或圆环图】-【复合条饼图】命令,插入一个复合条饼图。

【步骤 2】双击饼图上任意位置,打开【设置数据系列格式】窗格,在【系列】选项卡下,系列分割依据选择"百分比值",设置值小于"5%",如图 5-1-8 所示。

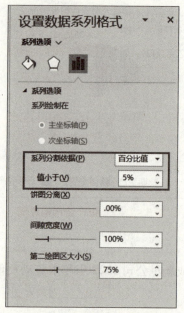

图 5-1-8 系列分割设置

【步骤3】用右键单击饼图任意部位,在弹出的快捷菜单中,选择【添加数据标签】-【添加数据标签】,饼图上显示数据标签,如图 5-1-9 所示。

图 5-1-9 添加数据标签

【步骤4】双击任一数据标签，右侧弹出【设置数据标签格式】窗格，在【标签选项】选项卡下，勾选"类别名称""百分比""显示引导线"选项，如图 5-1-10 所示。在【数字】选项卡下，类别选择"百分比"，小数位数为"2"，如图 5-1-11 所示。

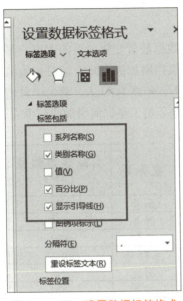

图 5-1-10　设置数据标签格式

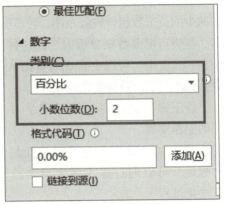

图 5-1-11　设置数字格式

【步骤5】修改饼图标题为"新星公司 2022 年年末流动负债构成情况"，如图 5-1-12 所示。

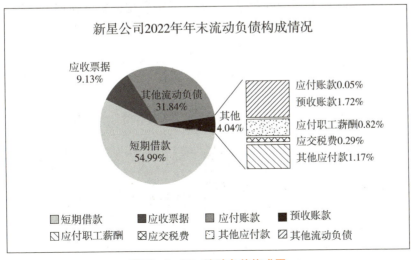

图 5-1-12　流动负债构成图

## 子任务二 利润表分析

### 一、利润表数据分析

#### （一）用瀑布图进行利润分析

瀑布图是形似瀑布的图表，是一种分析数据数量变化关系的图表。瀑布图可以体现数据的演变过程，直观地反映一系列增加值或减少值对初始值的影响。例如，某企业的员工数量年初为100人，年终为40人，将每个月增加和减少的员工数制作成瀑布图，可以分析出企业员工是如何增加或减少的。

在进行财务数据分析时，把这种图表用在利润表中，可以更直观地看出从营业收入到净利润的数据变化过程。

接下来我们用一个例子来学习瀑布图的制作步骤。

图5-1-13是业务员对某商品的销售数量，可以通过瀑布图来反映总销量的变化过程。

【步骤1】选中图表中的数据，单击【插入】选项卡下的"瀑布图"。

【步骤2】选中需要调整的汇总数据，瀑布图会根据数据的正负值用不同的颜色表示增加的数据和减少的数据。但是汇总的数据需要单独进行设置，如图5-1-14所示，双击代表"总销量"的柱形。

| 业务员 | 商品销售数量（件） |
|---|---|
| 周旋 | 675 |
| 刘星 | 890 |
| 李莉 | 453 |
| 总销量 | 2018 |
| 周旋 | -56 |
| 刘星 | -93 |
| 李莉 | -101 |
| 实际销量 | 1768 |

图5-1-13 业务员对某商品的销售数量

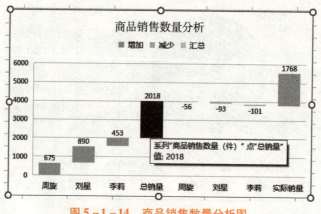

图5-1-14 商品销售数量分析图

【步骤3】设置为汇总。在右侧弹出的【设置数据点格式】对话框中,选中"设置为汇总"复选框。此时"总销量"数据就会被设置为汇总类型的数据,如图5-1-15所示。按照同样的方法,将代表"实际销量"的柱形图也设置为汇总数据,如图5-1-16所示。

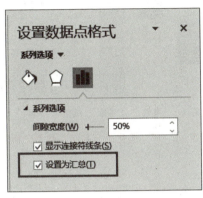

图5-1-15 设置汇总数据

图5-1-16 修正后商品销售数量分析图

【步骤4】分析瀑布图。调整瀑布的格式,使其更美观,效果如图5-1-17所示,此时便可对图表数据进行分析。从瀑布图中可以直观地看到实际销量是如何产生的。

图 5-1-17　美化后商品销售数量分析图

【任务描述】

已知新星公司定海分公司 2022 年 12 月利润表，用瀑布图展示营业收入到净利润的变化过程。

由于成本和费用是净利润的减项，我们对利润表进行简单处理，将利润的减项以负数形式体现，如图 5-1-18 所示。用调整后的数据做成瀑布图。

| 定海分公司12月利润表 | | 定海分公司12月利润表 | |
|---|---|---|---|
| 项目 | 本月数（万元） | 项目 | 本月数（万元） |
| 一、营业收入 | 5,000.00 | 营业收入 | 5,000 |
| 二、营业成本 | 1,400.00 | 营业成本 | -1,400 |
| 销售费用 | 450.00 | 销售费用 | -450 |
| 管理费用 | 700.00 | 管理费用 | -700 |
| 财务费用 | 200.00 | 财务费用 | -200 |
| 加：投资收益 | 280.00 | 投资收益 | 280 |
| 三、营业利润 | 2,530.00 | 营业利润 | 2,530 |
| 加：营业外收入 | 840.00 | 营业外收入 | 840 |
| 减：营业外支出 | 500.00 | 营业外支出 | -500 |
| 四、利润总额 | 2,870.00 | 利润总额 | 2,870 |
| 减：所得税费用 | 870.00 | 所得税费用 | -870 |
| 五、净利润 | 2,000.00 | 净利润 | 2,000 |

图 5-1-18　定海分公司 2022 年 12 月利润表

【步骤1】在工作表"利润表"-"月度"中，选中修改后的利润表区域 D3:E14，单击【插入】选项卡下的【推荐的图表】，在弹出的【插入图表】对话框中，选择【所有图表】页签下的"瀑布图"，选中后，单击【确定】按钮。

【步骤2】更改瀑布图的图表标题为"定海分公司12月利润示意图",瀑布图默认效果如图5-1-19所示,但是默认的效果图是有错误的,营业利润和利润总额是中间值,净利润为最终值,现在都是按增加值计算的,需要将这三者更改为"汇总"。

图5-1-19　定海分公司12月利润示意图

【步骤3】设置为汇总项。单击瀑布图中任意一个柱形,所有柱形数据被选中,再次单击,则选中单个柱形数据,用此方法选中柱形数据"营业利润",单击右键,在弹出的快捷菜单中选中"设置为汇总",如图5-1-20所示。用同样的方法设置"利润总额"和"净利润"为汇总。

图5-1-20　设置汇总项

【步骤4】美化图形。双击图例"汇总",在右侧弹出【设置图例项格式】对话框,在【图例项选项】-【填充】与【线条】页签下,将填充颜色设置为绿色,最终的效果如图5-1-21所示。从该瀑布图中,可以直观地看出营业收入5000万元是如何演变成净利润2000万元的。

图5-1-21 修正后的定海分公司12月利润示意图

(二)用趋势分析法进行利润分析

财务报表的趋势分析法是一种动态的分析方法,它以历史数据为分析的依据,从动态的角度对企业的经营过程或最近几年的财务状况和经营业绩进行全方位考察,能够深刻揭示各项财务数据的变化及其发展趋势,从而让企业发现财务报表内含的深层次财务关系,并有助于企业对未来发展做出合乎逻辑的预测。

按照分析比较的区间,趋势分析可以分为定基分析和环比分析。

**1. 定基分析**

定基分析,是以基期财务报表中的各项目为基础,揭示各报告期财务报表中各项目与基期报表中同一项目之间比例关系的一种纵向财务分析方法。通过将绝对数转换为百分比,也可以比较清楚地看出趋势的变化幅度和规律。其公式为:

$$项目指数 = 本期数额 / 基年数额 \times 100\%$$

**2. 环比分析**

环比分析,是以上一期的财务数据为基础,对相邻两年的数据进行比较,计算出趋势百分比,能较明确地说明项目的发展变化速度。其公式为:

项目指数=(分析期数额-上期数额)/上期数额×100%

**【任务描述】**

已知新星公司2018—2022年的营业总收入及净利润,如图5-1-22所示。要求对其进行环比分析及定基分析。并将净利润及其环比分析及定基分析比率做成双轴线柱组合图表。

| 年度 | 2018年 | 2019年 | 2020年 | 2021年 | 2022年 |
|---|---|---|---|---|---|
| 营业总收入 | 120043070005.50 | 140005393975.58 | 100564453646.56 | 110113101850.23 | 150019551611.75 |
| 净利润 | 10935755177.19 | 14252954811.96 | 12623732620.22 | 15524634903.87 | 22508599044.09 |

图5-1-22 2018—2022年的营业总收入及净利润

**【步骤1】** 根据公式,求出营业总收入和净利润环比分析及定基分析的比率,如图5-1-23所示。

| 年度 | 2018年 | 2019年 | 2020年 | 2021年 | 2022年 |
|---|---|---|---|---|---|
| 营业总收入 | 120,043,070,005.50 | 140,005,393,975.58 | 100,564,453,646.56 | 110,113,101,850.23 | 150,019,551,611.75 |
| 环比分析 | | 17% | -39% | 9% | 36% |
| 定基分析 | 100% | 117% | 84% | 92% | 125% |
| 净利润 | 10,935,755,177.19 | 14,252,954,811.96 | 12,623,732,620.22 | 15,524,634,903.87 | 22,508,599,044.09 |
| 环比分析 | | 30% | -11% | 23% | 45% |
| 定基分析 | 100% | 130% | 115% | 142% | 206% |

图5-1-23 环比分析及定基分析比率

2019年,营业总收入环比增长17%,计算公式为:

(2019年营业总收入-2018年营业总收入)/2018年营业总收入

2019年,营业总收入定基分析,增长117%,计算公式为:

2019年营业总收入/2018年营业总收入

如此计算,得到如图5-1-24所示的结果。

| 年度 | 2018年 | 2019年 | 2020年 | 2021年 | 2022年 |
|---|---|---|---|---|---|
| 净利润 | 10,935,755,177.19 | 14,252,954,811.96 | 12,623,732,620.22 | 15,524,634,903.87 | 22,508,599,044.09 |
| 环比分析 | | 30% | -11% | 23% | 45% |
| 定基分析 | 100% | 130% | 115% | 142% | 206% |

图5-1-24 净利润相关数据

**【步骤2】** 把净利润相关数据复制到图表中。

**【步骤3】** 选中单元格区域A1:F4,依次单击【插入】选项卡下的【推荐的图表】命令,打开【插入图表】对话框,单击【所有图表】页签下的"组合图",选择"簇状柱形图-折线图",如图5-1-25所示。

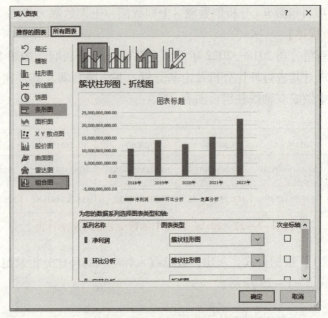

图 5-1-25 插入图表选择

【步骤4】在【为您的数据系列选择图表类型和轴】对话框中，净利润图表类型选择"簇状柱形图"，环比分析图表类型选择"折线图"，并勾选"次坐标轴"，定基分析与环比分析设置一样，如图 5-1-26 所示。单击【确定】按钮，生成的原始数据图如图 5-1-27 所示。

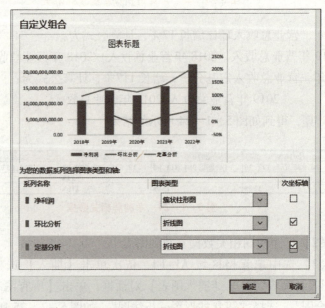

图 5-1-26 选择图表类型及轴

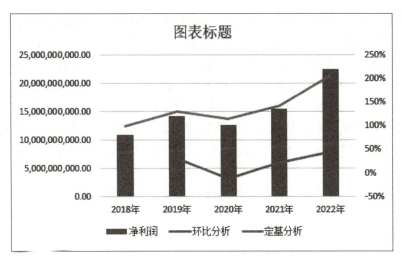

图 5-1-27　原始数据图

【步骤 5】选中系列 2 折线，单击右键，在打开的快捷菜单中选择"添加数据标签"，对系列 3 折线做同样的操作。选中图例双击，在右侧弹出【设置图例格式】窗格，在【图例选项】选项卡下，设置图例位置为"靠上"。同时修改图表标题为"2018—2022 年净利润趋势分析"，如图 5-1-28 所示。

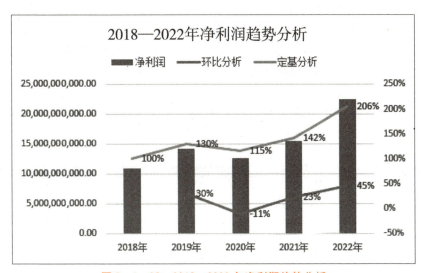

图 5-1-28　2018—2022 年净利润趋势分析

那么，通过上面的分析，我们能得到哪些信息？

从图 5-1-28 中可以看出，2020 年净利润下降较多，比 2019 年下降 11%，但通过定基分析可以发现，虽然 2020 年和 2021 年营业总收入下降，但净利润分别是基年的 1.15 倍和 1.42 倍，说明公司在成本和费用控制方面做得不错,使得净利润保持了较好的水平。2022年净利润是基年的2倍左右,增速仍然高于营业总收入的增速。

因此通过趋势分析,可以认为新星公司这几年的经营情况总体不错,虽然2020年和2021年遇到了一些困难,但通过对成本费用的有效控制,保持了较好的利润,2022年取得了很好的经营业绩,发展势头良好。

对财务报表上的其他数据,我们都可以采用这种趋势分析法进行分析,这样可以更全面地了解企业的经营状况,给人们提供更准确的判断依据。

通过趋势分析法,将历史数据进行比较,可以对当期的经营状况进行评价,在分析历史发展数据变化规律的基础上,对企业未来的发展状况进行预测。

## 二、动态利润表分析

动态图表又称为交互式图表,通过对图表添加控件,可以实现筛选不同内容时自动更新图表数据的目的。动态图表与静态图表的区别主要在于交互性,在日常工作中,经常要用图表对数据进行分析和展示,动态图表会随着用户选择数据的变化而变化,突出重点数据,避免被其他不需要的数据干扰,从而能够更准确地表达出制作者的意图,提高数据分析效率。

新星公司每个月都会编制月度利润表,为了方便查看,我们把每月的报表数据整理在一张原始表格里,这样可以通过使用函数和表单控件的方式来随时调取指定月份的利润表,并生成每月利润图。

【任务描述】

已知新星公司2022年12个月的利润表在名为"利润表汇总"的工作表中,如图5-1-29所示。

| 利润表 | 1月 | 2月 | 3月 | 4月 | 5月 | 6月 | 7月 | 8月 | 9月 | 10月 | 11月 | 12月 |
|---|---|---|---|---|---|---|---|---|---|---|---|---|
| 一、营业总收入 | 2,766 | 3,134 | 3,198 | 3,278 | 3,458 | 3,391 | 3,587 | 3,895 | 3,966 | 4,357 | 4,598 | 4,483 |
| 其中:营业收入 | 2,766 | 3,134 | 3,198 | 3,278 | 3,458 | 3,391 | 3,587 | 3,895 | 3,966 | 4,357 | 4,598 | 4,483 |
| 二、营业总成本 | 2,280 | 2,466 | 2,605 | 2,299 | 2,742 | 2,715 | 3,067 | 3,163 | 3,406 | 3,543 | 3,653 | 3,768 |
| 其中:营业成本 | 2,132 | 2,313 | 2,450 | 2,133 | 2,567 | 2,546 | 2,875 | 2,980 | 3,212 | 3,321 | 3,446 | 3,560 |
| 税金及附加 | 4 | 4 | 4 | 4 | 5 | 5 | 5 | 6 | 5 | 6 | 6 | 6 |
| 销售费用 | 23 | 25 | 26 | 24 | 31 | 29 | 30 | 32 | 33 | 37 | 36 | 32 |
| 管理费用 | 108 | 124 | 125 | 137 | 139 | 135 | 142 | 145 | 156 | 163 | 165 | 170 |
| 财务费用 | 2 | | | 2 | | | 2 | | 2 | | | |
| 资产减值损失 | 11 | | | 12 | | | 13 | | | 14 | | |
| 三、营业利润(亏损以"-"号填列) | 486 | 668 | 593 | 979 | 716 | 676 | 520 | 732 | 560 | 814 | 945 | 715 |
| 加:营业外收入 | 11 | | 13 | | 13 | | 15 | | 14 | | | |
| 减:营业外支出 | 3 | | 4 | | 5 | | 5 | | | 3 | | |
| 四、利润总额(亏损以"-"号填列) | 494 | 668 | 602 | 979 | 724 | 676 | 530 | 732 | 574 | 811 | 945 | 715 |
| 减:所得税费用 | 120 | 136 | 145 | 167 | 158 | 154 | 125 | 173 | 132 | 201 | 245 | 178 |
| 五、净利润(亏损以"-"号填列) | 374 | 532 | 457 | 812 | 566 | 522 | 405 | 559 | 442 | 610 | 700 | 537 |

图5-1-29 利润表汇总

现要求制作单月的动态利润表和动态利润图。要求计算净利润率,并通过圆环图展示,利润表中的数据用柱形图展示。

$$净利润率 = 净利润/主营业收入 \times 100\%$$

【步骤1】新建一个 Excel 工作表,命名为"动态利润表",在【开发工具】选项卡下依次单击【插入】-【表单控件】-【滚动条】命令,如图 5-1-30 所示,在 B1 单元格横向插入一个滚动条,如图 5-1-31 所示。

图 5-1-30 选择表单控件

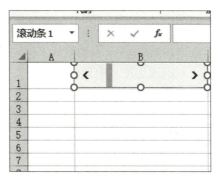

图 5-1-31 插入滚动条

【步骤2】设置滚动条控件格式。在滚动条上用右键单击,在弹出的快捷菜单中,选中【设置控件格式】命令,弹出【设置控件格式】对话框,在【控制】页签下,设置最小值为"1",最大值为"12",步长为"1",单元格链接设置为"$A$1",如图 5-1-32 所示,单击【确定】按钮。

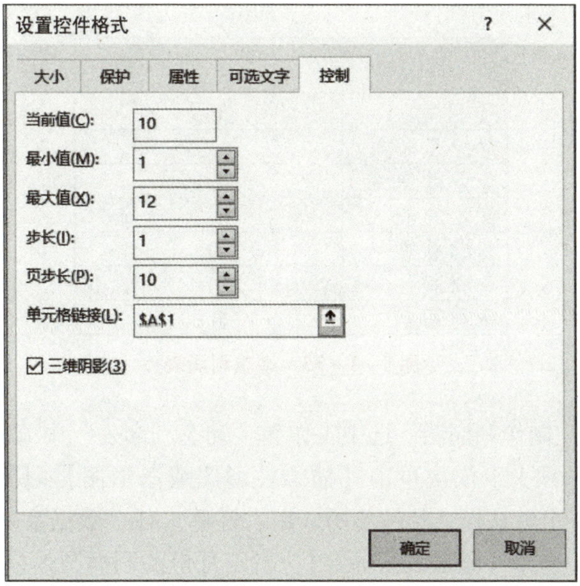

图 5-1-32 设置控件格式

【步骤3】设计及美化利润表文字部分。此时A1单元格内，随着滚动条的滚动，数值在1～12之间变化，设置A1单元格的背景色及字体。然后完成动态利润表表体的文字设置，如图5－1－33所示。

| A | B |
|---|---|
| 6 | ‹ › |
| 项目 | |
| 营业总收入 | |
| 营业总成本 | |
| 营业利润 | |
| 利润总额 | |
| 净利润 | |
| 净利润率 | |

图5－1－33　动态利润表表体美化

【步骤4】设置公式，提取利润表数据。利用INDEX函数从工作表“利润表汇总”中取数，设置公式如图5－1－34所示，设置完成后，滚动滚动条，动态利润表中显示指定月份的利润数据，如图5－1－35所示。

| | |
|---|---|
| 6 | ‹ › |
| 项目 | =A1&"月" |
| 营业总收入 | =INDEX(利润表汇总!B2:M2,$A$1) |
| 营业总成本 | =INDEX(利润表汇总!B4:M4,$A$1) |
| 营业利润 | =INDEX(利润表汇总!B11:M11,$A$1) |
| 利润总额 | =INDEX(利润表汇总!B14:M14,$A$1) |
| 净利润 | =INDEX(利润表汇总!B16:M16,$A$1) |
| 净利润率 | =B7/B3 |

图5－1－34　设置公式

| | |
|---|---|
| 10 | ‹ › |
| 项目 | 10月 |
| 营业总收入 | 4357 |
| 营业总成本 | 3543 |
| 营业利润 | 814 |
| 利润总额 | 811 |
| 净利润 | 610 |
| 净利润率 | 14.0% |

图5－1－35　动态利润表

【步骤5】制作利润图。选中工作表“动态利润表”中A2:B7单元格，在【插入】选项卡下依次单击【插入柱形图或条形图】－【簇状柱形图】命令，插入一个默认样式的柱形图。用右键单击任一数据系列，在弹出的快捷菜单中，选择【添加数据标签】，指定月份的利润图效果如图5－1－36所示。

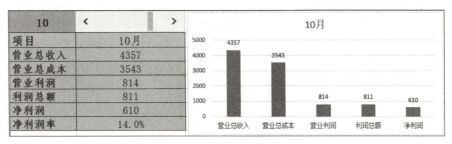

图 5-1-36　利润图

【步骤6】为了做出更美观的原型图，需要在利润表的下面添加一行数据，如图 5-1-37 所示。

| 12 | < |
|---|---|
| 项目 | =A1&"月" |
| 营业总收入 | =INDEX(利润表汇总!B2:M2,$A$1) |
| 营业总成本 | =INDEX(利润表汇总!B4:M4,$A$1) |
| 营业利润 | =INDEX(利润表汇总!B11:M11,$A$1) |
| 利润总额 | =INDEX(利润表汇总!B14:M14,$A$1) |
| 净利润 | =INDEX(利润表汇总!B16:M16,$A$1) |
| 净利润率 | =B7/B3 |
| 1-净利润率 | =1-B8 |

图 5-1-37　添加对比数据

【步骤7】选中单元格区域 A8:B9，在【插入】选项卡下，单击【推荐的图表】，在打开的【插入图表】对话框中，选中【所有图表】页签下的【饼图】-【圆环图】，单击【确定】按钮。原始圆环图如 5-1-38 所示。

【步骤8】美化净利润率圆环图。选中图例，单击右键，选择【删除】命令，删除图例。更改图表标题为"净利润率"。在【插入】选项卡下依次单击【文本框】-【绘制横排文本框】，在圆环中心添加文本框，选中文本框，在编辑

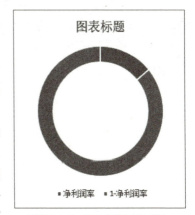

图 5-1-38　原始圆环图

栏内输入"=动态利润表!$B$8"，圆环中心显示出 B8 单元格中的净利润率，设置文本框内数字的字体及字号，对其进行美化，美化后圆环图如图 5-1-39 所示。

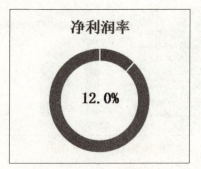

图 5-1-39 美化后圆环图

最终完成的动态利润图表如图 5-1-40 所示,随着单击【控件】改变月份,在利润表内调取指定月份的利润数据,图表呈现出当月的净利润率及柱形利润图。

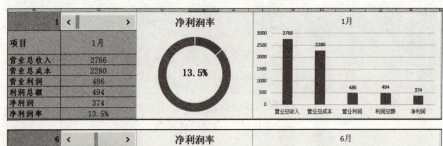

图 5-1-40 动态利润图表

## 子任务三　现金流量表分析

### 一、现金流量表结构分析

现金流量表是财务报表的三大基本报告之一,也称为财务状况变动表。通过现金流量表可以提供企业的现金流量信息,从而对企业的整体财务状况做出客观评价,可以对企业的支付能力以及企业对外部资金的需求情况做出较为可靠的判断。

结构分析法(简称结构分析)是指在统计分组的基础上,计算各组成部分所占的比重,进而分析某一总体现象的内部特征、总体的性质、总体内部结构依时间推移而表现出的变化规律性的统计方法。结构分析法在日常工作中被广泛应用于各种数据构成分析,如用于现金流量结构分析、资产总量及构成分析、消费者年龄结构分析等。

结构分析法包括总体结构分析和分类结构分析两种,这里以现金流量表为例进行介绍。

## (一) 总体结构分析

### 1. 总体结构分析的作用

总体结构分析可对经营活动、筹资活动和投资活动产生的现金流入、现金流出及现金净流量分别进行分析,从而让人们了解企业现金流量的性质、来源与用途,及其对企业现金净流量的影响等。

### 2. INDEX 函数

INDEX 函数表示在一个区域引用或数组范围中,根据指定的行号或列号来返回值或引用。INDEX 函数的常用语法形式如下:

> INDEX(array,row_num,[column_num])

第一个参数可以是单元格区域或者是一个数组,第二参数和第三参数分别用于指定要返回第几行或第几列的位置。

【任务描述】

已知新星公司 2022 年经营活动、投资活动、筹资活动的现金流量情况如图 5-1-41 所示。

| | 经营活动 | 投资活动 | 筹资活动 | 合计 |
|---|---|---|---|---|
| **现金金额** | | | | |
| 现金流入 | 8,815,247,212.62 | 534,908,639.21 | 2,356,695,093.70 | |
| 现金流出 | 7,345,692,125.91 | 167,217,152.57 | 1,045,058,752.56 | |
| 现金净额 | | | | |
| **百分比** | 经营活动 | 投资活动 | 筹资活动 | |
| 现金流入 | | | | |
| 现金流出 | | | | |
| 现金净额 | | | | |

图 5-1-41 现金流量情况

(1) 设置公式,对数据进行计算,利用 INDEX 函数对现金流量表进行引用。

【步骤1】打开"现金流量表结构分析"工作表,选中C6单元格,在公式编辑栏中输入公式"=C4-C5",复制公式到D6和E6单元格,计算出各种活动的现金净额,如图5-1-42所示。

图5-1-42 现金净额公式设置

【步骤2】选中F4单元格,在公式编辑栏中输入公式"=SUM(C4:E4)",复制公式到F5和F6单元格,计算各项数据的合计数值。如图5-1-43所示。

图5-1-43 合计数值公式设置

【步骤3】选中C9单元格,在公式编辑栏中输入公式"=C4/$F4",如图5-1-44所示。向右下方填充公式,计算出各项数据的百分比,如图5-1-45所示。

图5-1-44 各项数据百分比公式设置

学习笔记

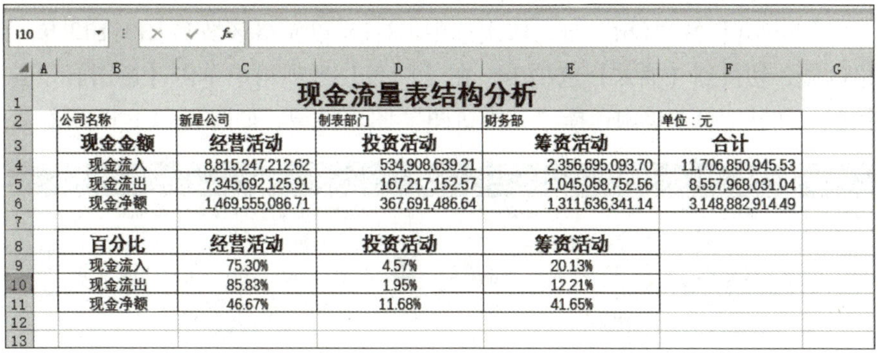

I10

| | | | | | |
|---|---|---|---|---|---|
| 现金流量表结构分析 | | | | | |
| 公司名称 | 新星公司 | 制表部门 | 财务部 | 单位：元 | |
| 现金金额 | 经营活动 | 投资活动 | 筹资活动 | 合计 | |
| 现金流入 | 8,815,247,212.62 | 534,908,639.21 | 2,356,695,093.70 | 11,706,850,945.53 | |
| 现金流出 | 7,345,692,125.91 | 167,217,152.57 | 1,045,058,752.56 | 8,557,968,031.04 | |
| 现金净额 | 1,469,555,086.71 | 367,691,486.64 | 1,311,636,341.14 | 3,148,882,914.49 | |
| | | | | | |
| 百分比 | 经营活动 | 投资活动 | 筹资活动 | | |
| 现金流入 | 75.30% | 4.57% | 20.13% | | |
| 现金流出 | 85.83% | 1.95% | 12.21% | | |
| 现金净额 | 46.67% | 11.68% | 41.65% | | |

图 5－1－45　现金流量表结构分析

【步骤 4】在 B13 单元格中输入“1”后，选中 C13 单元格，在公式编辑栏中输入公式“＝INDEX(C9:C11,$B$13)”，按“Enter”键后，向右填充公式到 E13 单元格，如图 5－1－46 所示。通过 INDEX 函数引用各现金流量的百分比，引用数据效果如图 5－1－47 所示。

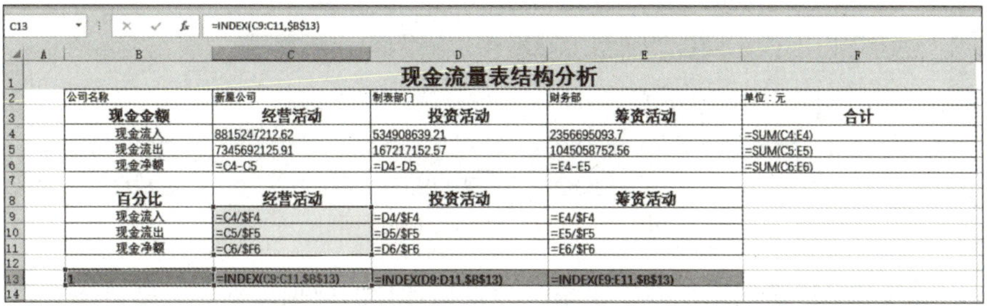

C13　=INDEX(C9:C11,$B$13)

| | | | | |
|---|---|---|---|---|
| 现金流量表结构分析 | | | | |
| 公司名称 | 新星公司 | 制表部门 | 财务部 | 单位：元 |
| 现金金额 | 经营活动 | 投资活动 | 筹资活动 | 合计 |
| 现金流入 | 8815247212.62 | 534908639.21 | 2356695093.7 | =SUM(C4:E4) |
| 现金流出 | 7345692125.91 | 167217152.57 | 1045058752.56 | =SUM(C5:E5) |
| 现金净额 | =C4-C5 | =D4-D5 | =E4-E5 | =SUM(C6:E6) |
| | | | | |
| 百分比 | 经营活动 | 投资活动 | 筹资活动 | |
| 现金流入 | =C4/$F4 | =D4/$F4 | =E4/$F4 | |
| 现金流出 | =C5/$F5 | =D5/$F5 | =E5/$F5 | |
| 现金净额 | =C6/$F6 | =D6/$F6 | =E6/$F6 | |
| | | | | |
| 1 | =INDEX(C9:C11,$B$13) | =INDEX(D9:D11,$B$13) | =INDEX(E9:E11,$B$13) | |

图 5－1－46　引用现金流量公式设置

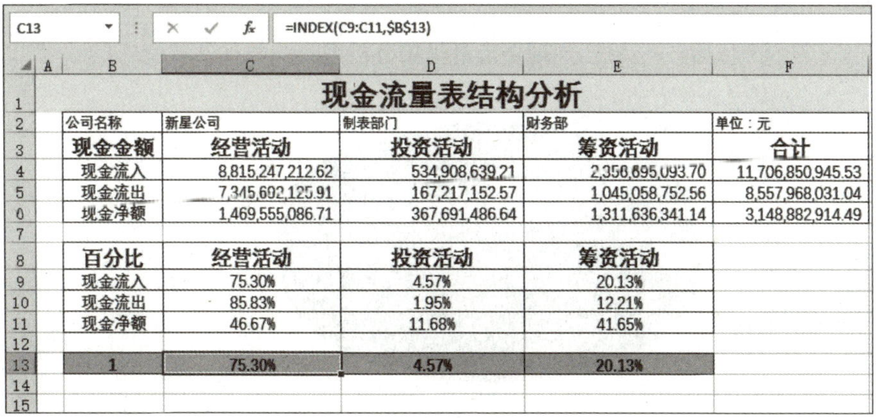

C13　=INDEX(C9:C11,$B$13)

| | | | | |
|---|---|---|---|---|
| 现金流量表结构分析 | | | | |
| 公司名称 | 新星公司 | 制表部门 | 财务部 | 单位：元 |
| 现金金额 | 经营活动 | 投资活动 | 筹资活动 | 合计 |
| 现金流入 | 8,815,247,212.62 | 534,908,639.21 | 2,356,695,093.70 | 11,706,850,945.53 |
| 现金流出 | 7,345,692,125.91 | 167,217,152.57 | 1,045,058,752.56 | 8,557,968,031.04 |
| 现金净额 | 1,469,555,086.71 | 367,691,486.64 | 1,311,636,341.14 | 3,148,882,914.49 |
| | | | | |
| 百分比 | 经营活动 | 投资活动 | 筹资活动 | |
| 现金流入 | 75.30% | 4.57% | 20.13% | |
| 现金流出 | 85.83% | 1.95% | 12.21% | |
| 现金净额 | 46.67% | 11.68% | 41.65% | |
| | | | | |
| 1 | 75.30% | 4.57% | 20.13% | |

图 5－1－47　引用数据效果图

(2)创建饼图,分析现金流量表的结构。

【步骤1】按"Ctrl"键,依次选中C8:E8单元格区域和C13:E13单元格区域,切换到【插入】选项卡,在【图表】选项组中单击【饼图】下拉按钮,在其下拉菜单中选择"三维饼图"图表类型,如图5-1-48所示。

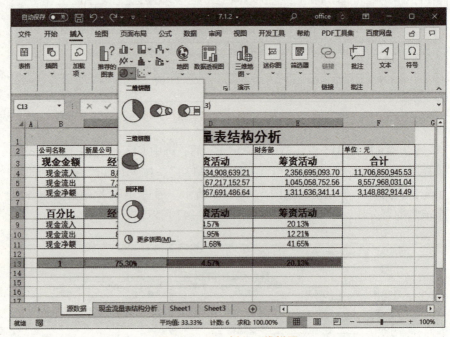

图5-1-48 插入三维饼图

【步骤2】返回工作表中,系统会根据选择的数据源创建三维饼图,修改图表标题为"现金流量结构分析图",接着为图表添加"数据标签",设置图例选项靠右,效果如图5-1-49所示。

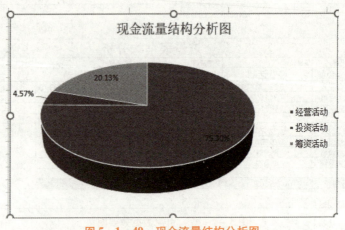

图5-1-49 现金流量结构分析图

【步骤3】切换到【开发工具】选项卡,在【控件】选项组中单击【插入】下拉按钮,在其下拉菜单中选择"组合框"窗体控件,如图5-1-50所示。

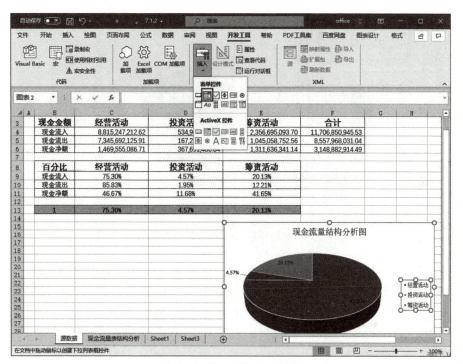

图5-1-50　插入表单控件

【步骤4】返回工作表中,拖动鼠标,在图表左上角绘制一个组合框,将光标置于控点上,当光标变为箭头形状时,可以调节控件窗体大小,如图5-1-51所示。

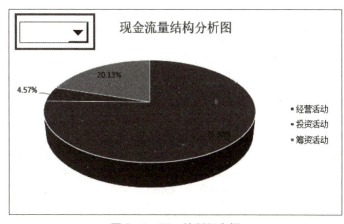

图5-1-51　绘制组合框

【步骤5】选中控件窗体,在右键菜单中选择"设置控件格式"命令,如图5-1-52所示。

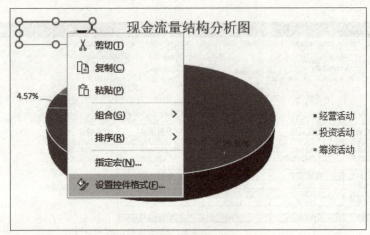

图5-1-52 设置控件格式选项

【步骤6】打开【设置对象格式】对话框,设置【数据源区域】为B9:B11单元格区域,设置【单元格链接】为B13单元格区域,在【下拉显示项数】文本框中输入"3",单击【确定】按钮,如图5-1-53所示。

图5-1-53 设置对象格式

【步骤7】返回图表中,单击图表中的下拉按钮,从其下拉列表中选择

"现金流出"选项，随后图表中会显示出现金流出结构图，在其下拉列表中选择"现金净额"选项，则图表会发生相应的更改，最终效果如图5-1-54所示。

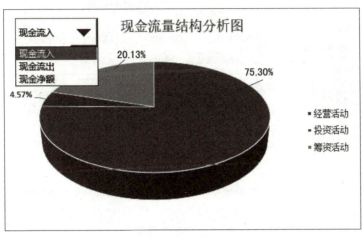

图5-1-54 动态现金流量结构图

## （二）分类结构分析

以现金流量表分析为例，分类结构分析就是对现金流量各组成部分的内部结构进行分析，即分别分析经营活动、投资活动、筹资活动内部的各项现金流入和现金流出的结构占比。

【任务描述】

已知新星公司2021—2022年经营活动现金流入与现金流出数据，如图5-1-55所示。请通过结构分析法和比较分析法，计算并通过图像展示经营活动现金流量的具体情况。

| | A | B | C | D | E | F | G |
|---|---|---|---|---|---|---|---|
| 1 | 经营活动现金流量 | | | | | | |
| 2 | 编制单位：新星公司 | | | | 单位：人民币元 | | |
| 3 | 项目 | 行次 | 2021年 | 2022年 | 上期结构 | 本期结构 | 占比变化 |
| 4 | 经营活动产生的现金流量： | | | | | | |
| 5 | 销售商品、提供劳务收到的现金 | 2 | 7265713325.55 | 7989765613.56 | | | |
| 6 | 收到的税费返还 | 3 | | | | | |
| 7 | 收到的与经营活动有关的其他现金 | 4 | 549533887.07 | 825481599.06 | | | |
| 8 | 经营活动现金流入小计 | 5 | 7815247212.62 | 8815247212.62 | | | |
| 9 | 购买商品、接受劳务支付的现金 | 6 | 5026948454.23 | 5578547633.91 | | | |
| 10 | 支付给职工以及为职工支付的现金 | 7 | 1098689435.00 | 1218393369.00 | | | |
| 11 | 支付的各项税费 | 8 | 205648941.23 | 223678935.23 | | | |
| 12 | 支付的其他与经营活动有关的现金 | 9 | 427646428.54 | 325072187.77 | | | |
| 13 | 经营活动现金流出小计 | 10 | 6758933259.00 | 7345692125.91 | | | |
| 14 | | | | | | | |

图5-1-55 经营活动现金流量

【步骤1】设置公式，计算各项经营活动现金流量占比，如图5－1－56和图5－1－57所示。

图5－1－56　经营活动现金流量占比公式设置

图5－1－57　经营活动现金流量占比

本例中，通过分析，可以看出经营活动现金流入主要来源于销售商品、提供劳务收到的现金，表明公司的经营活动收入来源稳定，但对比来看，本期比上期有所降低，下降了2.33%，而购买商品、接受劳务支付的现金同期上升了1.57%，需要结合具体的业务进一步分析原因。

【步骤2】对经营活动现金流入流出数据进行整理，现金流出金额设置为负值，调整做出数据表，如图5－1－58所示。

【步骤3】根据调整后的经营活动现金流量表，绘制经营活动现金流量图。

选中调整过的数据表区域A1:C8，单击【插入】选项卡下的【图表】功能区中的【推荐的图表】功能键，打开【插入图表】对话框，单击对话框中【所有图表】页签，选中【柱形图】中的【堆积柱形图】，如图5－1－59所示，单击【确定】按钮。

# 项目五 财务报表分析

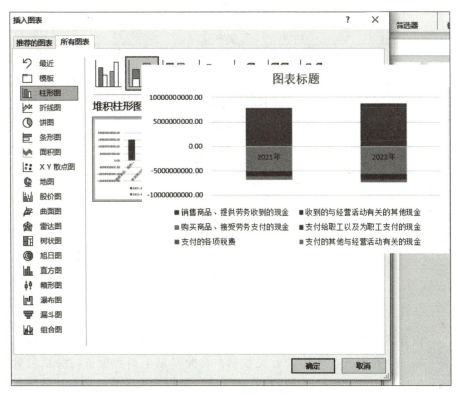

图 5-1-58 调整后经营活动现金流量

图 5-1-59 插入图表

【步骤4】在插入的图表中,修改图表标题为"2021—2022 年经营活动现金流量图",双击图表任一位置,打开【设置图表区格式】对话框,修改图例位置为"靠右",设置坐标轴格式,在【坐标轴选项】页签下,选择"标签位置"为"低";为图形添加数据标签,最后效果如图 5-1-60 所示。

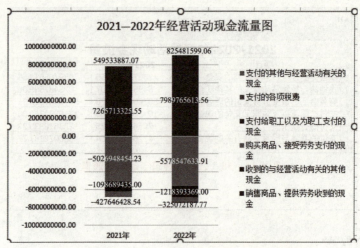

图 5-1-60　2021—2022 年经营活动现金流量图

知识拓展：财务报表分析工作对财务人员的基本要求

## 任务二　财务指标分析

### 子任务一　财务指标分析系统

　　财务指标分析是评价企业经营业绩及财务状况的重要依据，通过收集、整理企业财务报表中的有关数据，在此基础上对数据进行分析和处理，形成一定的过程控制指标和管理指标。数据指标的建立可以让各级管理者即时地观察和掌控企业当前的运营状况、经营效率等情况，并能够随时根据企业当前的运行状况调整策略，进而做出正确的决策。

　　作为企业的财务人员，同时也是数据分析者，需要从复杂的报表数据中找到有价值的信息，对数据间的关系进行分析总结，并转换为更直接、更生动的图表展示给信息需求者。

　　企业现行财务指标分析系统包括四个方面的内容：偿债能力指标、营运能力指标、盈利能力指标和成长能力指标，如图 5-2-1 所示。

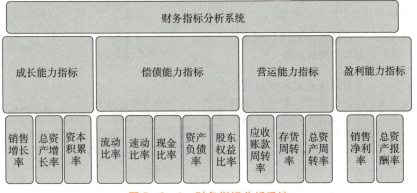

图 5-2-1 财务指标分析系统

## 一、偿债能力分析

偿债能力是指企业偿还到期债务的能力。偿债能力分析包括短期偿债能力分析和长期偿债能力分析。短期偿债能力是指企业流动资产对流动负债及时足额偿还的保障程度,是衡量企业当前财务能力,特别是流动资产变现能力的重要指标。衡量短期偿债能力的指标主要有流动比率、速动比率、现金比率等。长期偿债能力是指企业偿还长期负债的能力。衡量长期偿债能力的指标有资产负债率、股东权益比率等,如表 5-2-1 所示。

表 5-2-1 衡量偿债能力的指标

| 指标 | 概念 | 公式 | 相关报表 |
| --- | --- | --- | --- |
| 流动比率 | 反映企业流动资产对流动负债的比率。可以衡量企业流动资产在短期债务到期前,可以变为现金用于偿还债务的能力 | $\dfrac{流动资产}{流动负债}$ | 资产负债表 |
| 速动比率 | 反映企业速动资产对流动负债的比率,可以衡量企业流动资产中能够立即变现用于偿还流动负债的能力 | $\dfrac{速动资产}{流动负债}$ | 资产负债表 |
| 现金比率 | 反映企业现金及其现金等价物总量与当前流动负债的比率 | $\dfrac{货币资金+交易性金融资产}{流动负债}$ | 资产负债表 |

续表

| 指标 | 概念 | 公式 | 相关报表 |
|---|---|---|---|
| 资产负债率 | 反映企业负债总额与资产总额之间的比率 | $\dfrac{负债总额}{资产总额}$ | 资产负债表 |
| 股东权益比率 | 反映企业股东权益与资产总额的比率,衡量企业资产中有多大比例是通过债务筹资获取的 | $\dfrac{所有者权益总额}{资产总额}$ | 资产负债表 |

## 二、盈利能力分析

盈利能力是指企业获取利润的能力,也称为企业的资金增值能力。通常来说,企业的盈利能力表现为一定时期内企业收益数额的大小和收益水平的高低。从指标构成体系来看,衡量盈利能力的指标主要包括销售净利率、总资产报酬率等,如表5-2-2所示。

表5-2-2 衡量盈利能力的指标

| 指标 | 概念 | 公式 | 相关报表 |
|---|---|---|---|
| 销售净利率 | 反映企业在一定时期内净利润与销售收入的比率,表现为1元销售收入扣除成本费用后可以获得的净利润 | $\dfrac{净利润}{销售收入}$ | 利润表 |
| 总资产报酬率 | 反映企业在支付利息和缴纳所得税之前的利润之和与平均资产总额的比值,可以综合评价企业全部资产的经营质量和利用效果 | $\dfrac{息税前利润}{总资产}$ | 利润表 资产负债表 |

## 三、营运能力分析

营运能力又称为企业的经营效率,是指企业对各项资产的运用效率。我们通过对有关财务指标的分析,包括应收账款周转率、存货周转率、总资产周转率等,可以获悉企业的营运能力,并为企业提高经济效益指明方向。通过营运能力分析,我们可以评价企业资产运营的效率,发现企业在资产运营中存在的问题。营运能力分析也是对企业盈利能力和偿债能力分析的基础和补充。衡量营运能力的指标如表5-2-3所示。

表 5-2-3　衡量营运能力的指标

| 指标 | 概念 | 公式 | 相关报表 |
| --- | --- | --- | --- |
| 应收账款周转率 | 反映企业在一定时期内（通常为一年）应收账款转化为现金的平均次数 | $\dfrac{销售收入净额}{平均应收账款}$ | 利润表<br>资产负债表 |
| 存货周转率 | 反映企业在一定时期内存货的周转速度以及资金的使用效率 | $\dfrac{营业成本}{平均存货}$ | 利润表<br>资产负债表 |
| 总资产周转率 | 反映企业在一定期间内销售（营业）收入与平均资产总额的比值，可以综合评价企业全部资产的经营质量和利用效果 | $\dfrac{销售收入净额}{总资产}$ | 利润表<br>资产负债表 |

## 四、成长能力分析

成长能力是指企业在生存的基础上扩大规模、壮大实力的潜在能力。一般情况下，企业能否健康发展，取决于多个因素，包括企业外部经营环境、内部经营质量及资源条件等。可以说企业的成长能力在很大程度上反映了企业未来的发展前景，并将影响企业的资产规模、盈利能力、市场占有率等。衡量成长能力的指标包括销售增长率、总资产增长率、资本积累率等，如表 5-2-4 所示。

表 5-2-4　衡量成长能力的指标

| 指标 | 概念 | 公式 | 相关报表 |
| --- | --- | --- | --- |
| 销售增长率 | 反映企业主营业务收入增长的幅度，是评价企业成长状况与发展能力的重要指标 | $\dfrac{本年销售收入增长额}{上年销售收入}$ | 利润表 |
| 总资产增长率 | 反映企业本年总资产增长额同年初资产总额的比率，表示企业本期资产规模的增长状况 | $\dfrac{本年总资产增长额}{年初资产总额}$ | 资产负债表 |
| 资本积累率 | 反映企业本年所有者权益增长额同年初所有者权益的比率，表示企业当年资本的积累能力 | $\dfrac{本年所有者权益增长额}{所有者权益年初余额}$ | 资产负债表 |

根据财务指标的计算公式可知，偿债能力、盈利能力、营运能力和成

长能力指标都是根据财务报表中的数据计算得到的。接下来我们制作财务效率指标分析表。

【任务描述】

根据新星公司财务报表的资料,建立相应的表格,分析各项财务指标,将4种财务指标汇总到一张表格中,综合反映企业的财务状况。

【步骤1】按照如图5-2-2所示的格式制作财务指标分析表。

| 财务指标分析表 ||
|---|---|
| 制表单位:新星公司 ||
| 指标名称 | 比率 |
| 一、偿债能力分析 ||
| 流动比率 ||
| 速动比率 ||
| 现金比率 ||
| 资产负债率 ||
| 股东权益比率 ||
| 二、盈利能力分析 ||
| 销售净利率 ||
| 总资产报酬率 ||
| 三、营运能力分析 ||
| 应收账款周转率 ||
| 存货周转率 ||
| 总资产周转率 ||
| 四、成长能力分析 ||
| 销售增长率 ||
| 总资产增长率 ||
| 资本积累率 ||

图5-2-2 财务指标分析表

【步骤2】根据公式计算偿债能力各指标。

**1. 偿债能力指标**

流动比率:在C5单元格输入公式"=资产负债表!D11/资产负债表!H11",按"Enter"键确认输入;

速动比率:在C6单元格输入公式"=(资产负债表!D11-资产负债表!D9)/资产负债表!H11",按"Enter"键确认输入;

现金比率:在C7单元格输入公式"=资产负债表!D5/资产负债表!H5",按"Enter"键确认输入;

资产负债率:在C8单元格输入公式"=资产负债表!H11/资产负债表!D20",按"Enter"键确认输入;

股东权益比率:在C9单元格输入公式"=资产负债表!H18/资产负债表!D20",按"Enter"键确认输入。如图5-2-3所示。

| 一、偿债能力分析 | |
|---|---|
| 流动比率 | 1.63 |
| 速动比率 | 1.06 |
| 现金比率 | 0.79 |
| 资产负债率 | 0.58 |
| 股东权益比率 | 0.42 |

图 5-2-3　偿债能力指标

**2. 盈利能力指标**

销售净利率：在 C11 单元格输入公式"＝利润表！C19/利润表！C4"，按"Enter"键确认输入；

总资产报酬率：在 C12 单元格输入公式"＝(利润表！C17＋利润表！C11)/((资产负债表！C20＋资产负债表！D20)/2)"，按"Enter"键确认输入。如图 5-2-4 所示。

| 二、盈利能力分析 | |
|---|---|
| 销售净利率 | 0.03 |
| 总资产报酬率 | 0.03 |

图 5-2-4　盈利能力指标

**3. 营运能力指标**

应收账款周转率：在 C14 单元格输入公式"＝利润表！C4/((资产负债表！C8＋资产负债表！D8)/2)"，按"Enter"键确认输入；

存货周转率：在 C15 单元格输入公式"＝利润表！C5/((资产负债表！C9＋资产负债表！D9)/2)"，按"Enter"键确认输入；

总资产周转率：在 C16 单元格输入公式"＝利润表！C4/((资产负债表！C20＋资产负债表！D20)/2)"，按"Enter"键确认输入。如图 5-2-5 所示。

| 三、营运能力分析 | |
|---|---|
| 应收账款周转率 | 1.83 |
| 存货周转率 | 1.18 |
| 总资产周转率 | 0.62 |

图 5-2-5　营运能力指标

**4. 成长能力指标**

销售增长率：在 C18 单元格输入公式"＝(利润表！C4－利润表！D4)/利润表！D4"，按"Enter"键确认输入；

总资产增长率：在C19单元格输入公式"=(资产负债表!D20-资产负债表!C20)/资产负债表!C20"，按"Enter"键确认输入；

资本积累率：在C20单元格输入公式"=(资产负债表!H18-资产负债表!G18)/资产负债表!G18"，按"Enter"键确认输入。如图5-2-6所示。

| 四、成长能力分析 | |
|---|---|
| 销售增长率 | 3.26% |
| 总资产增长率 | 50.74% |
| 资本积累率 | 4.40% |

图5-2-6　成长能力指标

完整的财务指标分析表如图5-2-7所示。

| 财务指标分析表 | |
|---|---|
| 制表单位：新星公司 | |
| 指标名称 | 比率 |
| 一、偿债能力分析 | |
| 流动比率 | 1.63 |
| 速动比率 | 1.06 |
| 现金比率 | 0.79 |
| 资产负债率 | 0.58 |
| 股东权益比率 | 0.42 |
| 二、盈利能力分析 | |
| 销售净利率 | 0.03 |
| 总资产报酬率 | 0.03 |
| 三、营运能力分析 | |
| 应收账款周转率 | 1.83 |
| 存货周转率 | 1.18 |
| 总资产周转率 | 0.62 |
| 四、成长能力分析 | |
| 销售增长率 | 3.26% |
| 总资产增长率 | 50.74% |
| 资本积累率 | 4.40% |

图5-2-7　财务指标分析表

## 子任务二　财务比较分析

### 一、比较分析法的含义

有比较才有鉴别，财务分析也是如此，财务指标分析系统中的各种指标，都要经过比较才能发现问题。比较分析法是财务分析的基本方法之一，是将相同的财务指标的本期实际数与本期计划数（即基期实际数）等进行比较，找出差异，对指标的完成情况做出一般评价的分析方法。可以采用的参照标准有三个方面，如表5-2-5所示。

表5-2-5 采用的参照标准

| 比较方向 | 比较内容 |
| --- | --- |
| 期间比较 | 与上期、去年同期实际数比较 |
| 实体比较 | 与同行业先进企业或行业平均数比较 |
| 口径比较 | 与计划或预算数比较 |

## 二、比较分析法的应用

【任务描述】

已知2022年新星公司各财务指标的预算数，现将预算数与实际数进行比较分析，找出二者的差异，进而方便管理者分析产生差异的原因。

财务指标预算数如图5-2-8所示。

**财务指标分析表**

制表单位：新星公司

| 指标名称 | 预算比率 | 实际比率 |
| --- | --- | --- |
| 一、偿债能力分析 | | |
| 流动比率 | 1.45 | 1.63 |
| 速动比率 | 1.2 | 1.06 |
| 现金比率 | 0.67 | 0.79 |
| 资产负债率 | 0.53 | 0.58 |
| 股东权益比率 | 0.48 | 0.42 |
| 二、盈利能力分析 | | |
| 销售净利率 | 0.18 | 0.03 |
| 总资产报酬率 | 0.21 | 0.03 |
| 三、营运能力分析 | | |
| 应收账款周转率 | 2 | 1.83 |
| 存货周转率 | 1.35 | 1.18 |
| 总资产周转率 | 0.42 | 0.62 |
| 四、成长能力分析 | | |
| 销售增长率 | 10.00% | 3.26% |
| 总资产增长率 | 26.00% | 50.74% |
| 资本积累率 | 5.00% | 4.40% |

图5-2-8 财务指标预算数

【步骤1】在表格右侧添加一列，列标题为"差异"，调整格式如图5-2-9所示。

| 财务指标分析表 | | | |
|---|---|---|---|
| 制表单位：新星公司 | | | |
| 指标名称 | 预算比率 | 实际比率 | 差异 |
| 一、偿债能力分析 | | | |
| 流动比率 | 1.45 | 1.63 | |
| 速动比率 | 1.2 | 1.06 | |
| 现金比率 | 0.67 | 0.79 | |
| 资产负债率 | 0.53 | 0.58 | |
| 股东权益比率 | 0.48 | 0.42 | |
| 二、盈利能力分析 | | | |
| 销售净利率 | 0.18 | 0.03 | |
| 总资产报酬率 | 0.21 | 0.03 | |
| 三、营运能力分析 | | | |
| 应收账款周转率 | 2 | 1.83 | |
| 存货周转率 | 1.35 | 1.18 | |
| 总资产周转率 | 0.42 | 0.62 | |
| 四、成长能力分析 | | | |
| 销售增长率 | 10.00% | 3.26% | |
| 总资产增长率 | 26.00% | 50.74% | |
| 资本积累率 | 5.00% | 4.40% | |

图 5-2-9　添加差异列

【步骤2】在E5单元格输入公式"=D5-C5"，单击鼠标左键，当E5单元格右下角显示"+"字光标时，向下拖动鼠标复制公式。并相应调整单元格格式，结果如图5-2-10所示。

| 财务指标分析表 | | | |
|---|---|---|---|
| 制表单位：新星公司 | | | |
| 指标名称 | 预算比率 | 实际比率 | 差异 |
| 一、偿债能力分析 | | | |
| 流动比率 | 1.45 | 1.63 | 0.18 |
| 速动比率 | 1.2 | 1.06 | -0.14 |
| 现金比率 | 0.67 | 0.79 | 0.12 |
| 资产负债率 | 0.53 | 0.58 | 0.05 |
| 股东权益比率 | 0.48 | 0.42 | -0.06 |
| 二、盈利能力分析 | | | |
| 销售净利率 | 0.18 | 0.03 | -0.15 |
| 总资产报酬率 | 0.21 | 0.03 | -0.18 |
| 三、营运能力分析 | | | |
| 应收账款周转率 | 2 | 1.83 | -0.17 |
| 存货周转率 | 1.35 | 1.18 | -0.17 |
| 总资产周转率 | 0.42 | 0.62 | 0.20 |
| 四、成长能力分析 | | | |
| 销售增长率 | 10.00% | 3.26% | -6.74% |
| 总资产增长率 | 26.00% | 50.74% | 24.74% |
| 资本积累率 | 5.00% | 4.40% | -0.60% |

图 5-2-10　计算差异值

【步骤3】对差异值设置条件格式。选中单元格区域"E5:E20",在【开始】页签内依次单击【条件格式】-【突出显示单元格规则】-【其他规则】,打开【新建格式规则】对话框,如图5-2-11所示。

【步骤4】在【新建格式规则】对话框中,选择规则类型为"基于各自值设置所有单元格的格式",在编辑规则说明中,格式样式为"图标集",图标样式为"⬇➡⬆",

图5-2-11 设置条件格式

当值>0时,显示绿色箭头,当值<=0时,显示黄色箭头,当值<0时,显示红色箭头,类型选择"数字",如图5-2-12所示。最终效果如图5-2-13所示。

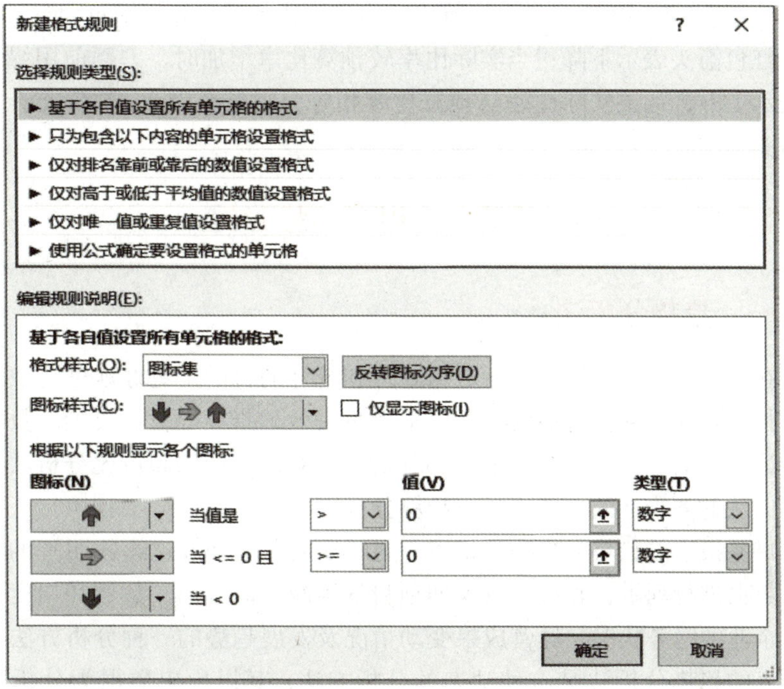

图5-2-12 设置图标

## 财务指标分析表

制表单位：新星公司

| 指标名称 | 预算比率 | 实际比率 | 差异 |
|---|---|---|---|
| 一、偿债能力分析 | | | |
| 流动比率 | 1.45 | 1.63 | ↑ 0.18 |
| 速动比率 | 1.2 | 1.06 | ↓ -0.14 |
| 现金比率 | 0.67 | 0.79 | ↑ 0.12 |
| 资产负债率 | 0.53 | 0.58 | ↑ 0.05 |
| 股东权益比率 | 0.48 | 0.42 | ↓ -0.06 |
| 二、盈利能力分析 | | | |
| 销售净利率 | 0.18 | 0.03 | ↓ -0.15 |
| 总资产报酬率 | 0.21 | 0.03 | ↓ -0.18 |
| 三、营运能力分析 | | | |
| 应收账款周转率 | 2 | 1.83 | ↓ -0.17 |
| 存货周转率 | 1.35 | 1.18 | ↓ -0.17 |
| 总资产周转率 | 0.42 | 0.62 | ↑ 0.20 |
| 四、成长能力分析 | | | |
| 销售增长率 | 10.00% | 3.26% | ↓ -6.74% |
| 总资产增长率 | 26.00% | 50.74% | ↑ 24.74% |
| 资本积累率 | 5.00% | 4.40% | ↓ -0.60% |

图 5-2-13　财务指标分析效果图

从图 5-2-13 中我们可以看出，当实际比率较预算比率减少时，差额前用红色箭头表示下降；当实际比率较预算比率增加时，差额前用绿色箭头表示上升；如果实际比率与预算比率相等，则差额为 0，数值前会以黄色箭头标注。

子任务三　财务趋势分析

### 一、趋势分析法

在实际工作中，我们进行数据处理和统计的目的是更好地进行数据分析，找出隐藏在数据背后的规律，从而更有效地指导经营、决策。数据分析中最常用的三种经典方法是趋势分析法、对比分析法和占比分析法，下面我们从财务指标的角度来学习趋势分析法。

财务报表的趋势分析法是指将一定时期内（两期或连续数期）的财务报表数据进行列示，直接比较各期项目的增减变动方向、数额和幅度，以判断企业的财务状况、经营成果变动情况及发展趋势的一种分析方法。财务报表的趋势分析法是一种动态的分析方法，其以历史数据为分析的依据，从动态的角度对企业的经营过程或最近几年的财务状况和经营业绩进行全方位考察，能够深刻地揭示各项财务数据的变化情况及其发展趋势，从而让人们发现财务报表内含的深层次财务关系，并有助于人们对企业未来发展做出合乎逻辑的预测。

## 二、趋势分析法的分类

（一）按照分析比较的区间，趋势分析法可以分为定基分析和环比分析

### 1. 定基分析

定基分析是选定某期间为固定的基期，其余各期与基期比较，以基期为基准计算出各会计期间的趋势百分比。通过将绝对数额转换为百分比，可以清楚地看出趋势的变化幅度和规律。

### 2. 环比分析

环比分析是以前一期的财务数据为基数，对相邻两年的数据进行比较，计算出趋势百分比，能较明确地说明项目的发展变化速度。

（二）按照分析比较的具体对象，趋势分析法可以分为对报表原始数据的趋势分析、对结构百分比的趋势分析、对财务比率的趋势分析

### 1. 对报表原始数据的趋势分析

对报表原始数据的趋势分析是指将连续数期的财务报表数据（报表原数）并列起来进行分析，从中发现各项目的增减变动状况，来说明企业的财务状况和经营成果的变化。

### 2. 对结构百分比的趋势分析

对结构百分比的趋势分析是指将若干期间的结构百分比并列起来进行分析，通过结构的变化发现企业经营变动的规律和趋势。

### 3. 对财务比率的趋势分析

对财务比率的趋势分析是指按照不同的分析目的，选择适当的财务比率，将不同期间的财务比率并列起来进行分析，从中观察指标的增减变动方向和幅度，分析企业的经营发展趋势等。

当分析人员取得公司多个会计期间的财务数据后，把需要重点关注的数据按时间序列进行列示并进行相应的计算，就可以运用趋势分析法进行分析，找出财务数据变化背后的原因。

## 三、趋势分析法的应用

【任务描述1】

对新星公司的销售收入和净利润进行环比分析和定基分析。

为了能够更好地进行分析和展示,首先,将新星公司2012—2021年的销售收入及净利润的数据提取出来;其次,用环比分析法将每一年的数据与前一年的数据进行对比。

计算公式为:

(本期数 - 上期数)/上期数×100%

最后,以2012年的数据为基数,用定基分析法,将其他各年的数据与2012年的数据进行比较,计算出百分比,

公式为:

本期数/基年数×100%

销售收入及净利润的数据如图5-2-14所示。

单位:万元

| 项 目 | 2012年 | 2013年 | 2014年 | 2015年 | 2016年 | 2017年 | 2018年 | 2019年 | 2020年 | 2021年 |
|---|---|---|---|---|---|---|---|---|---|---|
| 销售收入 | 207,050.00 | 237,260.00 | 266,800.00 | 297,520.00 | 337,716.00 | 377,160.00 | 397,350.00 | 417,480.00 | 435,890.00 | 441,560.00 |
| 净利润 | 19,834.00 | 16,854.00 | 16,862.00 | 16,371.00 | 27,654.00 | 33,342.00 | 40,364.00 | 32,762.00 | 46,874.00 | 44,312.00 |

图5-2-14 企业2012—2021年的销售数据

进行环比分析和定基分析之后的数据如图5-2-15所示。

单位:万元

| 项 目 | 2012年 | 2013年 | 2014年 | 2015年 | 2016年 | 2017年 | 2018年 | 2019年 | 2020年 | 2021年 |
|---|---|---|---|---|---|---|---|---|---|---|
| 销售收入 | 207,050.00 | 237,260.00 | 266,800.00 | 297,520.00 | 337,716.00 | 377,160.00 | 397,350.00 | 417,480.00 | 435,890.00 | 441,560.00 |
| 环比分析 |  | 14.59% | 12.45% | 11.51% | 13.51% | 11.68% | 5.35% | 5.07% | 4.41% | 1.30% |
| 定基分析 | 100.00% | 114.59% | 128.86% | 143.69% | 163.11% | 182.16% | 191.91% | 201.63% | 210.52% | 213.26% |
| 净利润 | 19,834.00 | 16,854.00 | 16,862.00 | 16,371.00 | 27,654.00 | 33,342.00 | 40,364.00 | 32,762.00 | 46,874.00 | 44,312.00 |
| 环比分析 |  | -15.02% | 0.05% | -2.91% | 68.92% | 20.57% | 21.06% | -18.83% | 43.07% | -5.47% |
| 定基分析 | 100.00% | 84.98% | 85.02% | 82.54% | 139.43% | 168.11% | 203.51% | 165.18% | 236.33% | 223.41% |

图5-2-15 进行环比分析和定基分析之后的数据

将净利润及其环比分析和定基分析比率做成双轴线柱组合图,由于前面章节我们多次绘制过双轴线柱组合图,此处步骤省略,效果如图5-2-16和图5-2-17所示。

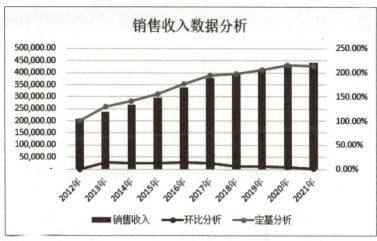

图 5-2-16　销售收入数据分析图

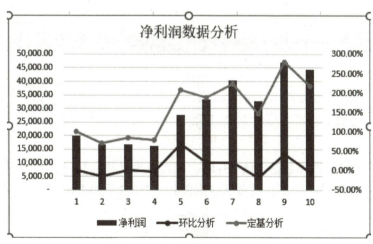

图 5-2-17　净利润数据分析图

此外，财务报表的趋势分析法是可以通过比较企业连续几期的财务比率，来了解企业财务状况变化趋势的。这种方法实际上是比率分析法与比较分析法的结合。通过趋势分析法，一方面可以看数据增减变化是否异常，以发现存在的问题；另一方面可以预测企业未来的财务状况，以判断企业的发展前景。此类图表一般使用折线图，也可以使用柱状图。一般来说，比率和价格类的指标使用折线图更合适。

【任务描述 2】

已知新星公司 2012—2021 年期间的销售收入及净利润，如图 5-2-18 所示。请分析计算出每年的销售净利率，并完成如下分析：

| | A | B | C | D | E | F | G | H | I | J | K |
|---|---|---|---|---|---|---|---|---|---|---|---|
| 1 | 企业2012——2021年的销售数据 | | | | | | | | | | |
| 2 | | | | | | | | | | 单位： | 万元 |
| 3 | 项　目 | 2012年 | 2013年 | 2014年 | 2015年 | 2016年 | 2017年 | 2018年 | 2019年 | 2020年 | 2021年 |
| 4 | 销售收入 | 207,050.00 | 237,260.00 | 266,800.00 | 297,520.00 | 337,716.00 | 377,160.00 | 397,350.00 | 417,480.00 | 435,890.00 | 441,560.00 |
| 5 | 净利润 | 19,834.00 | 16,854.00 | 16,862.00 | 16,371.00 | 27,654.00 | 33,342.00 | 40,364.00 | 32,762.00 | 46,874.00 | 44,312.00 |

图 5-2-18　销售收入及净利润

（1）用条形图展示 2012—2021 年销售收入及净利润的数据对比，并进行分析。

（2）用折线图展示 2012—2021 年销售净利率的变化趋势，并进行分析。

【步骤1】计算销售净利率。打开数据表"财务趋势分析"，在 B6 单元格输入公式"＝B5/B4"，将该单元格中的公式向右填充到单元格区域 C6:K6 中。设置 B6:K6 单元格区域的数值格式，数字类型选择"百分比"，小数位数为"2"，结果如图 5-2-19 所示。

| | A | B | C | D | E | F | G | H | I | J | K |
|---|---|---|---|---|---|---|---|---|---|---|---|
| 1 | 企业2012——2021年的销售数据 | | | | | | | | | | |
| 2 | | | | | | | | | | 单位： | 万元 |
| 3 | 项　目 | 2012年 | 2013年 | 2014年 | 2015年 | 2016年 | 2017年 | 2018年 | 2019年 | 2020年 | 2021年 |
| 4 | 销售收入 | 207,050.00 | 237,260.00 | 266,800.00 | 297,520.00 | 337,716.00 | 377,160.00 | 397,350.00 | 417,480.00 | 435,890.00 | 441,560.00 |
| 5 | 净利润 | 19,834.00 | 16,854.00 | 16,862.00 | 16,371.00 | 27,654.00 | 33,342.00 | 40,364.00 | 32,762.00 | 46,874.00 | 44,312.00 |
| 6 | 销售净利率 | 9.58% | 7.10% | 6.32% | 5.50% | 8.19% | 8.84% | 10.16% | 7.85% | 10.75% | 10.04% |

图 5-2-19　计算销售净利率

【步骤2】选择数据区域 A3:K5，依次单击【插入】-【推荐的图表】-【所有图表】-【条形图】-【簇状条形图】，完成效果如图 5-2-20 所示。

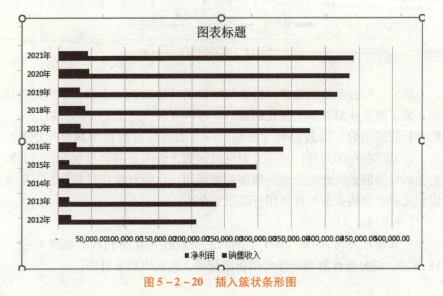

图 5-2-20　插入簇状条形图

【步骤3】对图表进行美化。设置图例格式,将图例位置调整为"靠上";单击"销售收入"系列对应的条形图,设置其填充颜色的RGB值为0、158、220;单击"净利润"系列对应的条形图,设置其填充颜色的RGB值为255、12、34,如图5-2-21所示;单击横坐标轴,设置坐标轴格式,如图5-2-22所示;完成效果如图5-2-23所示。

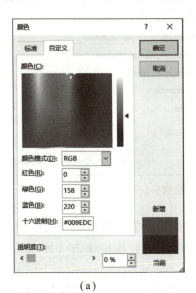
(a)

(b)

图5-2-21 系列填充设置

图5-2-22 设置坐标轴格式

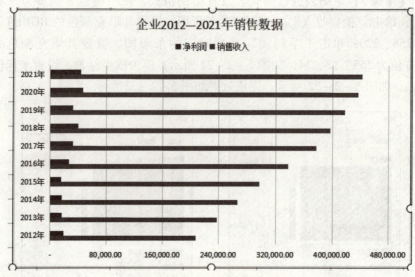

图 5-2-23 销售数据分析图

【步骤4】在"财务趋势分析"表中选中单元格区域"A3:K3"和"A6:K6",切换到【插入】选项卡,在【图表】组中单击【插入折线图或面积图】按钮。

【步骤5】在弹出的下拉列表中选择【带数据标记的折线图】,如图5-2-24 所示。

图 5-2-24 选择带数据标记的折线图

【步骤6】在工作表中插入一个带数据标记的折线图,如图5-2-25所示。

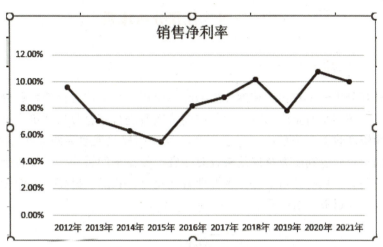

图 5-2-25　销售净利率折线图

【步骤7】对折线图进行适当美化以便阅读，如图 5-2-26 所示。

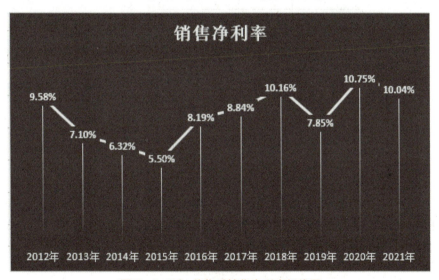

图 5-2-26　美化后销售净利率折线图

从图 5-2-26 中可以看出新星公司近几年的发展不是很稳定，上下波动比较明显。

知识拓展：智能管理会计

## 子任务四  杜邦分析体系

### 一、杜邦分析法

杜邦分析法是对比法和拆分法的经典应用,它又称为杜邦财务分析体系,主要作用是对企业的财务状况和经济效益进行综合分析评价。该分析法以净资产收益率为核心,以总资产净利率和权益乘数为两大测评维度,重点揭示企业盈利能力及权益乘数对净资产收益率的影响,以及各指标间的相关关系,从财务角度为各级管理者优化经营状况、提高经营业绩提供思路。杜邦财务分析体系如图 5-2-27 所示。

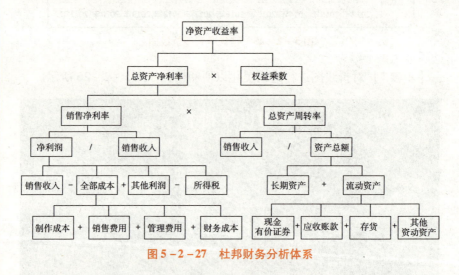

**图 5-2-27 杜邦财务分析体系**

杜邦分析法采用金字塔形结构,使财务比率分析的层次更清晰、条理更突出,简洁明了地表达了各财务指标之间的关系。在运用杜邦分析法的过程中,要理清以下思路:

### (一)净资产收益率(权益净利率)

净资产收益率(权益净利率)是一个综合性最强的财务分析指标,是杜邦财务分析体系的核心。

$$净资产收益率 = 总资产净利率 \times 权益乘数$$

净资产收益率可以反映出所有者投入资金的获利能力,以及权益筹资和投资等各种经营活动的效率。

## （二）总资产净利率

总资产净利率是影响净资产收益率的最重要的指标，具有很强的综合性，总资产净利率取决于销售净利率和总资产周转率的高低。

$$总资产净利率 = 销售净利率 \times 总资产周转率$$

其中，总资产周转率反映了总资产的周转速度。对总资产周转率的分析，需要对影响总资产周转的各因素进行分析，以判明影响公司总资产周转的主要问题在哪里。销售净利率反映销售收入的收益水平。扩大销售收入、降低成本费用是提高企业销售净利率的根本途径，而扩大销售，同时也是提高总资产周转率的必要条件和途径。

## （三）权益乘数

权益乘数表示企业的负债程度，反映了企业利用财务杠杆进行经营活动的程度。其计算公式如下：

$$权益乘数 = 1 \div (1 - 资产负债率)$$

权益乘数主要受资产负债率的影响，资产负债率高，权益乘数就大，这说明公司负债程度高，能给企业带来较大的杠杆利益，但风险也高；反之，资产负债率低，权益乘数就小，这说明公司负债程度低，公司会有较少的杠杆利益，但相应所承担的风险也低。

综合以上可知，提高净资产收益率的根本在于扩大销售、节约成本、优化投资配置、加速资金周转、优化资金结构等。除了用作财务分析外，杜邦分析法在店铺销售额分析、市场占有率分析等方面也有着广泛的应用。它重在将结果过程化，通过数据上的追根溯源来发现问题的本质。

## 二、创建杜邦分析模型

了解了常用的杜邦分析指标后，可以先创建一个杜邦分析模型。杜邦分析模型是一种将总体目标逐一细分的思维导图，能够快速、清晰地确定目标和方法。

在 Excel 表格中建立杜邦分析模型，此处过程省略，效果如图 5-2-28 所示。

选择要去除网格线的表格，切换到【视图】菜单，单击【显示】下拉按钮，取消勾选【显示】栏里的【网格线】前面的复选框，完成对网格线的去除，如图 5-2-29 所示。

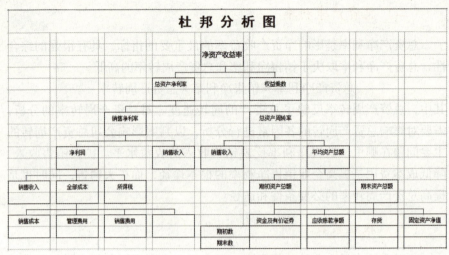

图 5-2-28 杜邦分析模型

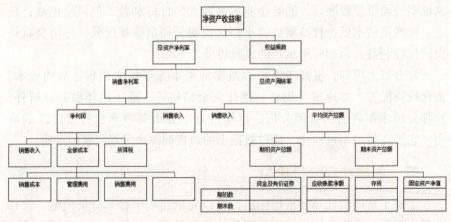

图 5-2-29 去除网格线

【任务描述】

根据新星公司 2022 年资产负债表和利润表的相关数据，计算杜邦分析图中的各项财务指标，合理分析新星公司的财务状况和经营成果。

计算杜邦分析模型中的各项财务比率时，应该遵循从下往上的原则。

【步骤1】直接从已有报表中引用数据。

杜邦分析模型中的部分数据可以直接从利润表和资产负债表中得到，例如所得税、销售收入、销售成本、管理费用、销售费用、财务费用、资金及有价证券的期初(末)数、应收账款净额的期初(末)数、存货的期初(末)数和固定资产净值的期初(末)数,可以直接通过单元格引用的方式将这些数据引用到杜邦分析模型中,如图5-2-30所示。

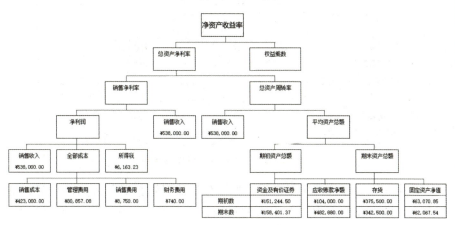

图5-2-30 引用相关数据

【步骤2】根据相关公式计算财务比率,如表5-2-6所示。

表5-2-6 财务比率

| 全部成本 | 销售成本+管理费用+销售费用+财务费用 |
| --- | --- |
| 净利润 | 销售收入-全部成本-所得税 |
| 销售净利率 | 净利率÷销售收入净额 |
| 期初资产总额 | 资金及有价证券的期初数+应收账款净额的期初数+存货的期初数+固定资产净值的期初数 |
| 期末资产总额 | 资金及有价证券的期末数+应收账款净额的期末数+存货的期末数+固定资产净值的期末数 |
| 平均资产总额 | (期初资产总额+期末资产总额)÷2 |
| 总资产周转率 | 销售收入÷平均资产总额 |
| 总资产净利率 | 销售净利率×总资产周转率 |
| 权益乘数 | 1÷(1-资产负债率) |
| 净资产收益率 | 总资产净利率×权益乘数 |

效果如图5-2-31所示。

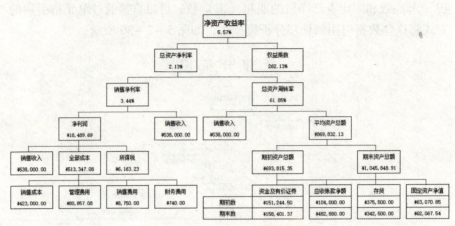

图 5-2-31　杜邦分析模型效果图

从企业绩效评价的角度来看,杜邦分析法只包括财务方面的信息,不能全面反映企业的实力,有很大的局限性,在实际运用中需要加以注意,必须结合企业的其他信息加以分析。

其局限性主要表现如下:

(1) 对短期财务结果过分重视,有可能助长公司管理层的短期行为,忽略企业长期的价值创造。

(2) 财务指标反映的是企业过去的经营业绩,衡量工业时代的企业能够满足要求。但在目前的信息时代,顾客、供应商、雇员、技术创新等因素对企业经营业绩的影响越来越大,而杜邦分析法在这些方面是无能为力的。

(3) 在目前的市场环境中,企业的无形知识资产对提高企业的长期竞争力至关重要,杜邦分析法却不能解决无形资产的估值问题。

知识拓展:杜邦分析法的前世今生

数字经济促进中国经济稳步向前

企业财务数字化缘何被国务院、财政部频频"点名"?
在数字化转型的当下,企业如何下第一步棋?

伴随着以大数据、物联网、云计算、人工智能为代表的数字科技不断发展和成熟，企业所面对的内外部环境也正在发生深刻改变。数字化、数智化正成为新一轮全球生产力革命的核心力量。财务系统作为连接企业采购、生产、运营、销售等经营行为的枢纽，在进行财务数字化转型中至关重要。

## 一、在政策引导下企业财务数字化进程加快

国务院、财政部近期出台的多项会计改革和数字化改革相关政策都对企业财务数字化有所涉及。

2021年11月财政部在《会计改革与发展"十四五"规划纲要》中强调以数字化技术为支撑，以推动会计审计工作数字化转型为抓手，健全完善各种数据标准和安全使用规范，形成对内提升单位管理水平和风险管控能力、对外服务财政管理和宏观经济治理的会计职能拓展新格局。

2022年1月6日财政部发布《会计信息化发展规划（2021—2025年）》，肯定了"十三五"期间智能财务、财务共享等理念以及财务机器人等自动化工具的逐步推广，并提出数据标准化和财务报表数字化的新要求。

2022年1月12日国务院在《"十四五"数字经济发展规划》中提出，要引导企业强化数字化思维，提升员工的数字技能和数据管理能力，全面系统推动企业包括经营管理在内的数字化转型。

国务院、财政部在2022年开年前后对财务数字化的高频次强调，无疑为企业进行财务数字化转型打了一剂强心剂。可以预见，企业财务数字化进程在2022年会进一步加速。

## 二、财务数字化成为数字化转型的突破口

数据是数字化的基础，数据驱动是数字化转型的核心。财务系统掌握着企业从业务经营到管理决策的大量核心数据，是连接从企业管理层到一线业务人员各个层级的枢纽，在推动企业数字化转型过程中具有得天独厚的优势。

从企业过往的信息化、数字化历史进程来看，从会计电算化到ERP（企业资源计划）推广普及，财务在企业转型过程中都扮演着引领推动的重要角色。以财务数字化为突破口，逐步延伸到业务数字化，由此开展企业整体的数字化转型，将成为企业未来数字化转型的主要路径。

此外，在企业财务数字化转型过程中，财务边界的扩充将反过来赋能企业数字化转型应用场景。以财务共享为基础，依托数据平台进一步应用自动化、智能化技术，重塑管财边界、业财边界。企业不仅能基于新一代的共享中心连接内外，开展在线化、自动化核算，还能与企业具体的数字化转型

应用场景相结合，通过开展实时化、敏捷化的财务分析、经营决策、预算管理、风险管控，更能高效地发挥数据价值，赋能企业整体数字化转型。

## 训练题

1. 2022年年末新星公司资产构成情况如表5-2-7所示，绘制资产结构图。

表5-2-7　2022年年末新星公司资产构成情况　　　　亿元

| 资产项目 | 金额 |
| --- | --- |
| 流动资产 | 6.78 |
| 长期资产 | 43.68 |
| 固定资产 | 20.95 |
| 无形资产及其他资产 | 8.97 |
| 资产总额 | 80.38 |

2. 已知新星公司定海分公司2022年12月的利润表，如表5-2-8所示，用瀑布图展示从营业收入到净利润的变化过程。

表5-2-8　2022年12月的利润表

| 项目 | 本月数/万元 |
| --- | --- |
| 一、营业收入 | 3280 |
| 二、营业成本 | 1280 |
| 　销售费用 | 600 |
| 　管理费用 | 420 |
| 　财务费用 | 260 |
| 三、营业利润 | 2000 |
| 　加：营业外收入 | 450 |
| 　减：营业外成本 | 150 |
| 四、利润总额 | 2300 |
| 　减：所得税费用 | 600 |
| 五、净利润 | 1700 |

3. 描述杜邦分析模型。

## 项目六

# 财务大数据分析报告

在现实工作中，我们经常会面临这些状况，辛苦做的分析报告并没能真正满足领导的需求。"能不能把问题讲清楚一点？能不能让我看到重要数据……"我们总是受着这样的指责。为什么明明按照领导的要求做出来的报告，却总是无法让领导满意呢？

其实领导都是很实在的，对于你花了大力气做出来的"漂亮"报告，他们可能觉得没用，反而是你在数据分析中找到的规律、发现的问题、分析出的原因或提出的合理化建议，对领导来说才是真正有价值的东西。下面来学习怎么写数据分析报告。

 **思政目标**

1. 具有科学素质和职业道德
2. 具有较强的创新意识和自我学习能力
3. 具有精益求精的工匠精神

 **知识目标**

1. 理解数据分析报告的作用
2. 了解数据分析报告的类型
3. 掌握数据分析报告的结构

> **技能目标**
> 
> 1. 能够描述数据分析报告的作用
> 2. 能够区分数据分析报告的类型和结构
> 3. 能够根据业务编写数据分析报告

# 任务一　数据分析报告概述

数据分析报告（以下简称分析报告或报告）实际上就是对数据分析过程的总结与展示。数据分析报告能够清晰、完整地将数据分析的起因、过程、结果与建议展示出来，供企业参考。所以，数据分析报告是利用科学的分析实现对数据的挖掘，为企业的下一步决策提供依据，降低企业的运营风险，提高企业的竞争力。

数据分析报告要科学、全面地展示整个数据分析项目，首先，需要分析人员明确分析框架；其次，应做到图文并茂、层次清晰、条理分明，让阅读报告者评估项目的可行性，为决策者提供严谨的依据。

## 子任务一　数据分析报告的写作要求

数据分析报告质量的高低不取决于篇幅的长短、图表是否多样，而取决于内容是否丰富、逻辑是否清晰、描述是否客观、结论是否明确。为了避免在写数据分析报告时出现不必要的错误，下面介绍数据分析报告的写作要求。

### 一、用语规范、描述准确

数据分析报告中的名称和术语要规范统一。首先，要选择书面规范用语，不能出现口语化词汇；其次，报告中必须用词准确，也就是说，报告的结论与建议都需要用数据说话，减少"大约""可能""大多数"等模糊词语，尽量明确指出具体的情况。例如"超过33%"等。

### 二、实事求是、体现真相

数据分析报告必须能够体现真实的情况，也就是具备真实性。真实性的含义不仅仅指分析结论要真实，还包括分析的数据不能出现造假的现象。同时，对于事实的分析也必须基于客观的标准，不能强行加入自己的主观意见，撰写者需要遵循客观事物的发展规律。

## 三、逻辑缜密、条理清晰

数据分析报告是一项系统性工程，前后内容的衔接应逻辑缜密，经得起推敲。应通过有条理、实事求是的分析过程，推导出站得住脚的结论。通常情况下，需要遵照发现问题、总结问题、得出结论、提出建议、解决问题这样一个流程。

为了使报告逻辑缜密，有必要在写报告前列一个详细的写作框架。框架可以帮助人们分析报告是否存在疏漏、结构是否符合逻辑。如果想确认报告中某部分的内容是否符合逻辑，可以将这部分内容做成示意图，从全局的角度进行分析。

## 四、图表结合、形式适宜

让数据分析报告容易理解的秘诀之一就是使用图表，将抽象的数据转化为直观的图表形象。这是因为人眼对图表信息的接受度远远高于对文字信息的接受度，用图表代替大量的文字，有助于人们更直观地认清问题和结论。

当然，图表也不宜太多，尤其不宜多个图表连续出现，图表中间可添加一些文字，对图表进行简要的说明。

## 五、了解企业、结合业务

出色的建议与解决方案并不是凭空提出的，它一定是建立在了解企业状况的基础上，从读者的角度出发，结合公司的具体业务情况得出可操作、可实战的建议。

## 子任务二　数据分析报告的类型与作用

### 一、数据分析报告的类型

数据分析报告的目标、对象、时间等内容不同，其形式也不同，报告的形式决定了报告的内容结构，定位报告的类型是写作报告的首要步骤。一般来说，数据分析报告可以分为四类。

#### （一）描述类报告

描述类报告的重点是将事件和项目的情况陈述清楚，这类报告不要求对项目进行太深入的分析，但是要求做到全面分析，其写作方向如图6-1-1所示。

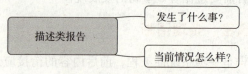

图6-1-1 描述类报告

描述类报告的内容要求从需求出发，对项目进行全面的数据分析。报告内容应该由几个方面组成，每个方面都代表事件或项目的一个侧面，所有方面综合起来能共同说明项目现状。例如分析企业运营情况的报告，可以从如图6-1-2所示的几个方面进行描述。

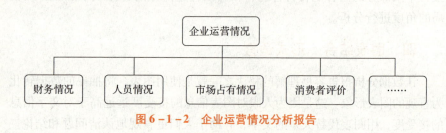

图6-1-2 企业运营情况分析报告

（二）因果类报告

因果类报告要求把事件和项目描述清楚，并找到问题和现状的原因所在，其写作方向如图6-1-3所示。

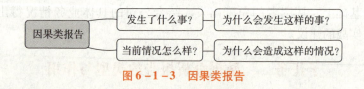

图6-1-3 因果类报告

因果类报告在描述发生了什么事或当前情况时，应该聚焦重点项目和问题项目，而不是像描述类报告那样，将所有情况都描述一遍。因果类报告在描述完重点项目后，会继续拓展，进行因果分析，直到找到症结所在。总的来说，因果类报告要聚焦于一点探索、深挖。

（三）预测类报告

预测类报告需要对现状进行陈述，再通过合理的数据分析推断出未来可能发生的情况。预测类报告是可行性决策的重要依据。

预测类报告既可以在描述完现状后进行因果探索，也可以直接分析未来发展状况，其写作方向如图6-1-4所示。

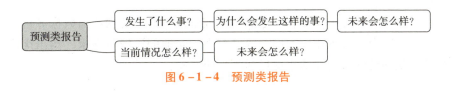

图6-1-4 预测类报告

### （四）咨询类报告

咨询类报告是四类报告中最有难度的报告类型，不仅要描述现状、探索因果、分析未来发展状况，还要找到应对策略。咨询类报告要求分析全面且深入，对每一个问题点都进行详尽而深刻的分析，最终通过对比、预测等方法，找到最佳策略，其写作方向如图6-1-5所示。

图6-1-5 咨询类报告

这四类报告由浅入深，分析难度递增，对企业决策支持程度也递增，尤其是当企业面临某个决策难题时，分析工作更要做得足够系统和深刻。

## 二、数据分析报告的作用

由于采用不同的分析方法，数据分析报告具有不同的作用。报告中除了要保证客观真实地展示数据外，还应给出一定的建议或解决方案。要确保做到以下几点：

### （一）分析结论应客观谨慎

每一个分析结论都是建立在严密的推导过程之上的，不能出现猜测性的结论，过于主观的观点也不具备说服力。对于没有把握的结论，就不要展示出来误导别人。

### （二）不能回避不良结论

分析的目的是寻找问题，得出结论，而结论是进行下一步决策的依据。发现企业存在的问题正是数据分析报告的意义，因此当出现不良结论时，应客观展示与评判，不应隐藏。

### (三) 给出合理的建议或解决方案

数据分析报告中需要有一定的建议或解决方案，否则这篇数据分析报告的意义就会大打折扣。人们需要充分考虑企业的资源与需求，给出优化建议，从而帮助人们找到实现目标的最佳方式。

## 子任务三　数据分析报告的结构

一份优秀的数据分析报告需要有特定的结构，合理的报告结构不仅能保证报告逻辑清晰无误，还能保证各部分内容紧密相连、不分散。

数据分析报告的结构不是固定的，根据报告的目的不同、对象不同、分析项目不同，其结构也会有所不同。总的来说，数据分析报告的内容框架要遵循结构化思维，让报告内容主次分明、有条理、重点突出。

数据分析报告的开始部分包括标题、目录、前言，要简明扼要地列出分析报告需要陈述的章节。正文部分的分析和论证是数据分析报告的核心，按目录的章节排序分别进行阐述，详解分析思路并进行论证。结尾部分包括结论、建议和附录等，结论和建议是依据前面的分析结果得出的，为管理者进行决策提供参考依据，如图6-1-6所示。

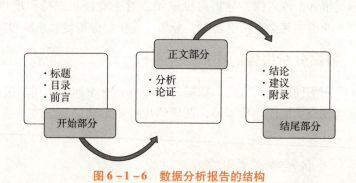

图6-1-6　数据分析报告的结构

## 一、开始部分

### (一) 标题

标题作为数据分析报告的开头，要十分精练，一语中的。一般而言，标题需要在两行以内完成。一个好的标题能准确传达报告的内容精髓。

**1. 标题的类型**

一些常见的标题类型如图6-1-7所示。

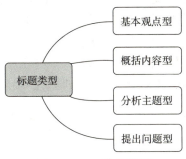

图 6-1-7　标题类型

1）基本观点型

此类标题常常采用某种观点点明主题，如《广告收入是互联网公司的重要收入来源之一》《某品牌在三线城市的发展势头良好》等。

2）概括内容型

此类标题重在体现数据反映的客观事实，概括数据分析报告的主要内容，例如《2021年旅游行业薪酬降幅为12%》《2022年公司销售额比去年增长25%》等。

3）分析主题型

此类标题反映分析的主题、范围、时间等情况，不点名分析师的观点和主张。如《公司收入增值分析》《2022年餐饮行业销售额分析》等。

4）提出问题型

此类标题以提问的方式展示报告中需要分析的问题，如《如何提高市场占有率》《市场的客户留存率该如何保持》等。

**2. 拟定标题的原则**

一个好的标题能准确传达报告的内容精髓，要拟定一个标题，需遵循三个原则，如图6-1-8所示。

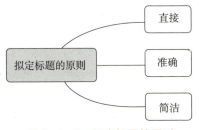

图 6-1-8　拟定标题的原则

1）直接

数据分析报告是一种应用型文体，它需要保证决策者能够完全理解其中的意义,所以标题必须直截了当、开门见山地将观点表达出来,让阅读报告者一眼就能了解报告的内容。如《站在制高点的蓝色畅想》这类标题,就很难让读者一下子领会数据分析报告的主要内容,导致数据分析报告的最终效果受到影响。如果将标题改为《公司的规模发展计划》,就会给读者一个明确的提示:本数据分析报告是关于规模发展计划的,避免读者浪费时间。

2)准确

标题应该准确概括报告内容,或者说明报告重点。例如一份分析中国软件行业数据的报告,如果命名为《2022年软件行业数据洞察》,缺少"中国"这个限定词就是不对的,改为《2022年中国软件行业数据洞察》就会更加准确。

3)简洁

标题要具有高度的概括性,能够用较少的文字准确高效地表达出主要内容与基本观点。如《2022年亚洲的快速消费品市场现状分析》可以改为《2022年亚洲快消市场分析》会更简洁明了。

### (二)目录

数据分析报告的目录展示的是报告的内容框架,同时提供索引,让读者可以快速定位内容。目录实际上就相当于数据分析报告的整体思路。这里需要注意两个要点:一是目录不要过于详细,列出三级即可,级别太多,会导致目录过多,不方便翻看;二是可以考虑将某些重要图表加入目录之中,方便日后利用。数据分析报告的目录示例如图6-1-9所示。

```
                      目录
一、分析背景与目的
二、分析思路
三、分析正文
    1. 资产负债表分析
    2. 利润分析
    3. 收入分析
    4. 成本分析
四、总结与建议
```

图6-1-9 数据分析报告的目录示例

## (三) 前言

在报告的开端,列出前言可以帮助读者快速了解报告的主要内容。前言主要包括数据分析的背景、目的、思路三大部分,简单来说,可以定义为:

为什么要进行这次分析?

通过这次分析主要解决哪些问题?

如何开展这次分析?

从这三个简短的问句中,可以看出前言的内容决定着整篇报告的大方向,对于报告后续的内容有着指导意义。所以对于它的撰写一定要经过慎重考虑,确保内容正确,这对于通过数据分析报告找出数据背后的规律具有重要意义。

### 1. 背景

对数据分析的背景进行阐述主要是为了让读者对整体的分析研究现状有所了解,这部分内容主要阐述分析的主要原因、研究意义及其他相关信息。

### 2. 目的

对数据分析的目的进行阐述主要是为了让读者知道这次分析的作用,可以解决哪些实际问题。有时还会将数据分析的背景和目的合二为一。例如,在某个报告前言中,包含了分析市场的环境变化、回答拓展市场中遇见的问题、寻找机会推动工作的进展等内容。这就属于将数据分析的背景与目的融合在一个框架里。

【任务描述 1】

A 公司业务数据分析的背景与目的如下:

"经过几年的发展,A 公司的客户数量突破 100 万个,税后收入达到 15 亿元,公司的业务发展进入一个新的阶段。在公司业务高速增长的同时,行业的竞争也在不断加剧,产品销售价格不断下降,产品同质化日益严重,公司面临着巨大的风险。因此公司期望通过对自己的业务数据进行分析,挖掘出公司已经存在的问题或者潜在的问题,为公司未来三年的发展规划提供参考与指导意义,为公司进行战略调整提供帮助。"

上面任务描述中的分析意义与分析目的就很清楚:通过对企业的业务发展状况进行阐述分析,了解企业市场环境的变化,挖出急需解决的各种问题,明确企业的危机方向,借以指导企业开展业务整合工作。

### 3. 思路

分析思路可以指导我们构建一个完整的分析过程,把握需要分析的内容或者指标。而这一点往往是许多人困惑的地方,不知该如何下手。因此一些相关的理论指导就显得格外重要,它能够确保数据分析维度的完整性、有效性以及正确性。

**【任务描述2】**

下面用B公司的业务分析思路进行演示:

(1) 产品:B公司提供过什么产品或服务?哪些产品的销量较好?购买产品的用户职业有哪些?

(2) 价格:B公司的营业收入如何?与前几年相比,是增长了还是降低了?用户能够接受的价格是多少?

(3) 渠道:B公司的销售渠道有哪些?哪些渠道的覆盖率较低?用户在各个地区的构成如何?不同渠道的影响效果有何差异?

(4) 促销:投入的成本是多少?实际的宣传效果如何?最后能够转化的用户有多少?

## 二、正文部分

正文是数据分析报告的核心部分,占最长的篇幅,正文中要详细描述数据分析的过程,并对每部分分析进行论证、阐述观点。

撰写数据分析报告时,需要依据此前整理好的分析思路进行,利用各种数据分析方法展开分析,帮助读者理解全文。同时,报告中需要包含撰写者的个人见解与研究成果,所以这一部分占据数据分析报告的大部分篇幅。

一篇数据分析报告必须有科学严密的论证,才能确保见解与成果的合理性与真实性,才能拥有被别人相信的资本。

数据分析报告的正文部分示例如图6-1-10所示。

数据分析的正文部分具有以下几个特点:

(1) 报告中最长的部分。

(2) 包含数据分析的事实和观点。

(3) 数据图表和文字相结合。

(4) 分析过程中的各个部分具有一定的逻辑关系。

销售员业绩分析

1. 分析结果

（1）企业84%的销量由26%的销售员完成。

（2）企业16%的销量由74%的销售员完成。

2. 策略分析

（1）销售员能力水平相差较大，有必要全面提升业务员能力；

（2）开拓新的市场，寻找新的增长点，是提升销售员业绩的理想方法。

| 业绩级别/元 | 销售员人数/人 | 占总人数比例/% | 销量合计/元 | 占总销量比例/% |
|---|---|---|---|---|
| 100万以上 | 0 | 0 | 0 | 0 |
| 80万~100万 | 2 | 3 | 1758728 | 17 |
| 60万~80万 | 3 | 4 | 2147784 | 21 |
| 40万~60万 | 4 | 6 | 1883303 | 18 |
| 20万~40万 | 9 | 13 | 2882072 | 28 |
| 10万~20万 | 6 | 10 | 849980 | 8 |
| 5万~10万 | 5 | 7 | 354686 | 3.5 |
| 1万~5万 | 14 | 21 | 334213 | 3.5 |
| 1万以下 | 24 | 36 | 91445 | 1 |
| 合计 | 67 | | 1030222 | |

图6-1-10　数据分析报告的正文部分示例

## 三、结尾部分

结尾部分代表着整个报告的总结，是得出结论、给予建议、解决矛盾的关键依据，是能够帮助报告使用者加强认识、引起思考的重要法宝。数据分析报告的结尾包括三个部分：结论、建议与附录。

### （一）结论

结论是指数据分析报告的分析结果，它不是简单的数据展示，而是结合公司的销售情况、管理情况、市场情况等因素，进行综合分析、逻辑推导后形成的总结性观点。结论应该措辞准确、严谨。数据分析报告的结论示例如图6-1-11所示。

C公司数据分析报告结论

第一，各产品之间的结构相对合理，销售状况良好，呈现一定的上升趋势。

第二，河南与山东地区未来市场潜力巨大，开发空间较多。

第三，线下体验促销模式能够促进销量的增长，但容易导致品牌的口碑下降。

图6-1-11　数据分析报告的结论示例

## （二）建议

建议是依据数据分析报告的结论对企业面临的某些问题提出的具体改善方法。建议主要体现在保持优势与改进劣势等方面。不过，由于分析人员必须结合结论才能给出某些建议，因此也存在一定的局限性。数据分析报告的建议示例如图 6-1-12 所示。

> C公司数据分析报告建议
> 第一，主要推出××产品，同时适当降低其价格。
> 第二，集中公司的资源，开发河南与山东地区的市场。
> 第三，重新考虑线下体验促销模式的投放方式。

图 6-1-12　数据分析报告的建议示例

## （三）附录

在完成了上述工作后，还有一个重要部分不可忽视，那就是数据分析报告的附录。它是数据分析报告的最后一部分。一般来说，附录提供上几个部分中未予阐述的相关资料，它为读者提供了一条深入探究数据分析报告的路径，让读者可以追溯资料出处，从而更深入地理解报告。附录的存在会让报告显得更为正式。

它主要包括数据分析报告中的名词解释、数据来源、分析方法、相关图片或参考论文等内容。每个内容都有相应的编号，便于读者查询。不过，也不是每篇数据分析报告都要求有附录，它属于数据分析报告的一种补充，依据具体的情况决定是否添加。

知识拓展：财务会计报告的内部控制

知识拓展：长虹财务云领跑集团管控的管理

## 任务二　数据分析报告案例

### 子任务一　徐工机械 2020 年三季度现金流量报告

#### 一、现金流入结构分析

2020 年三季度现金流入为 2254569.95 万元，与 2019 年三季度的

1312166.85 万元相比有较大增长，增长 71.82%。企业通过销售商品、提供劳务所收到的现金为 1876102.77 万元，它是企业当期现金流入的最主要来源，约占企业当期现金流入总额的 83.21%。企业销售商品、提供劳务所产生的现金能够满足经营活动的现金支出需求，销售商品、提供劳务使企业的现金净增加 19995.58 万元。现金流入结构如图 6-2-1 所示。

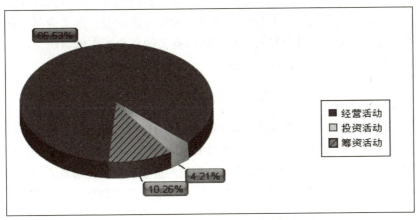

图 6-2-1　现金流入结构

## 二、现金流出结构分析

2020 年三季度现金流出为 2269967.23 万元，与 2019 年三季度的 1417326.14 万元相比有较大增长，增长 60.16%。最大的现金流出项目为购买商品、接受劳务支付的现金，占现金流出总额的 78.34%。现金流出结构如图 6-2-2 所示。

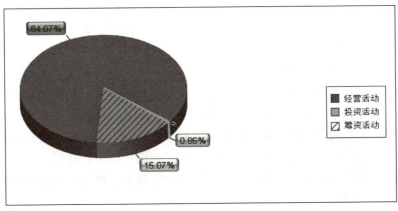

图 6-2-2　现金流出结构

## 三、现金流动的稳定性分析

2020年三季度,营业收到的现金有较大幅度增加,企业经营活动现金流入的稳定性提高。2020年三季度,工资性支出有所增加,企业现金流出的刚性增加。2020年三季度,现金流入项目从大到小依次是:销售商品、提供劳务收到的现金;收到其他与筹资活动有关的现金;取得借款收到的现金;收到的税费返还。现金流出项目从大到小依次是:购买商品、接受劳务支付的现金;支付的其他与筹资活动有关的现金;支付给职工以及为职工支付的现金;支付的各项税费。

## 四、现金流动的协调性评价

2020年三季度徐工机械投资活动收回资金114420.37万元;经营活动创造资金19995.58万元。2020年三季度徐工机械筹资活动需要净支付资金110783.84万元,经营活动和投资活动所提供的资金满足了投融资活动对资金的需要。总体来看,当期经营、投资、融资活动使企业的现金净流量增加。

## 五、现金流量的变化

2019年三季度现金净亏空102031.29万元,2020年三季度扭亏为盈,现金净增加22517.68万元。

2020年三季度经营活动产生的现金流量净额为19995.58万元,与2019年三季度的26100.78万元相比有较大幅度下降,下降23.39%。

2020年三季度投资活动产生的现金流量净额为114420.37万元,与2019年三季度的3503.23万元相比成倍增长,增长31.66倍。

2020年三季度筹资活动产生的现金流量净额为-110783.84万元,与2019年三季度-134763.3万元相比资金流出有较大幅度减少,减少17.79%。

## 六、现金流量的充足性评价

从当期经营活动创造的现金流量来看,企业依靠经营活动创造的现金来偿还有息债务约需要17.18年,当前企业债务偿还率为2.84%,如果按照本期债务偿还速度,则还债期为35.16年。从近三年情况来看,企业经营活动产生的现金流量净额不能满足购建固定资产、无形资产和其他长期资产所支付的现金、存货投资与分配股利、利润或偿付利息所支付的现金的需要,这些支出的满足还需要依靠外部融资解决。现金偿债能力指标如表6-2-1所示。

表 6-2-1　现金偿债能力指标

| 项目名称 | 2018 年三季度 | 2019 年三季度 | 2020 年三季度 |
|---|---|---|---|
| 现金流动负债比/% | 7.07 | -3.22 | 0.51 |
| 经营偿债能力 | -0 | 0.01 | 0 |
| 现金流动资产比/% | 4.35 | -1.94 | 0.32 |
| 经营还债期 | -326.7 | 73.38 | 150.37 |
| 债务偿还率/% | 16.14 | 10.67 | 0.33 |

注释：
（1）现金流动负债比＝现金及现金等价物净增加额/流动负债合计。
（2）经营偿债能力＝经营活动产生的现金流量净额/负债总额。
（3）现金流动资产比＝现金及现金等价物净增加额/流动资产合计。
（4）经营还债期＝带息负债/经营活动产生的现金流量净额。
（5）债务偿还率＝偿还债务支付的现金/带息负债。

## 七、现金流动的有效性评价

从经营活动现金净流量来看，经营活动产生的现金流量净额占营业收入的 1.23%。表明企业经营活动创造现金的能力很弱，"造血"功能很弱。2020 年三季度销售现金收益率为 1.23%，与 2019 年三季度的 2.16% 相比有所降低，降低 0.93 个百分点。经营活动的"造血"功能趋于下降。2020 年三季度资产现金报酬率为 1.02%，2019 年三季度为 -5.9%。从变化情况来看，企业 2020 年三季度总资产净现率明显提高。现金盈利能力指标如表 6-2-2 所示。

表 6-2-2　现金盈利能力指标　　　　　　　　　　%

| 项目名称 | 2018 年三季度 | 2019 年三季度 | 2020 年三季度 |
|---|---|---|---|
| 销售现金收益率 | -0.25 | 2.16 | 1.23 |
| 资产现金报酬率 | 12.88 | -5.9 | 1.02 |
| 收益净现率 | -6.26 | 35.17 | 53.85 |
| 资本现金收益率 | 27.13 | -12.46 | 2.74 |

注释：
（1）销售现金收益率＝经营活动产生的现金流量净额/营业收入。
（2）资产现金报酬率＝现金及现金等价物净增加额/资产总计。
（3）收益净现率＝经营活动产生的现金流量净额/净利润。
（4）资本现金收益率＝现金及现金等价物净增加额/所有者权益。

从经营活动现金流入情况来看，徐工机械 2020 年三季度销售活动回收现金的能力很强，销售含金量很高。2020 年三季度销售收现率为

115.68%，与2019年三季度的97.33%相比有较大幅度的提高，提高了18.34个百分点。从变化情况来看，企业2020年三季度的现金回收能力明显提高。

## 八、自由现金流量分析

通过企业的经营努力，2020年三季度创造的自由现金流量为37134.06万元。2020年三季度经营活动扩大后，企业可支配的自由现金流量为37134.06万元。当期经营活动的扩大，没有给企业的自由现金流量带来多大影响，表明经营活动平稳开展。

## 子任务二　浙江省新设企业数据分析报告

党中央国务院、省委省政府高度重视大众创新创业，强调要以此作为新常态下经济发展的新引擎。为了解浙江创业发展情况，我们基于省法人基础数据库数据对2005—2014年浙江省新设企业情况进行分析。

### 一、浙江省新设企业数量十年呈现"两级跳"

2009年和2013年出现"井喷式"增长，2005—2014年，浙江新设企业数量呈现波浪式增长。其中，2009年和2013年成为引领新一轮高增长的起始点，企业数量分别突破100000个和200000个大关，年度增幅达27.7%和68.3%，比12.6%的年均增幅分别高出15.1和55.7个百分点。浙江省新设企业数量如图6-2-3所示。

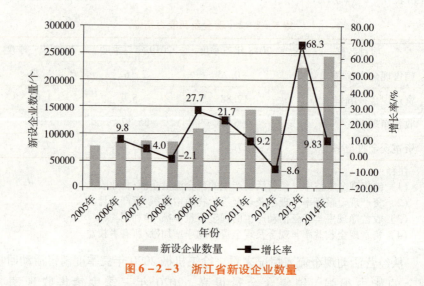

图6-2-3　浙江省新设企业数量

2009年、2013年新设企业数量的大幅增长和该时期"大手笔"的政策举措紧密相关。国家层面，出台了"四万亿"拯救经济计划，推行商事制度改革和投融资、税收、流通等体制的改革。省级层面，先后印发两轮"重大项目建设行动计划"，设立创业风险投资引导基金，编制《支持浙商创新创业　促进浙江发展三年规划》，深化行政审批制度改革，这一系列举措大大激发了民众创业兴业的激情与活力，带动创业浪潮喷涌而起。

## 二、超四成新设企业集中在批发和零售贸易、餐饮业，科学研究和综合技术服务业年均增幅领先全省

2005—2014年，浙江新设企业中以批发和零售贸易、餐饮业数量占比最大，达到40.3%。其次是制造业，社会服务业位居第三，三者合计占比81.6%，构成企业进入市场的主体，如图6-2-4所示。

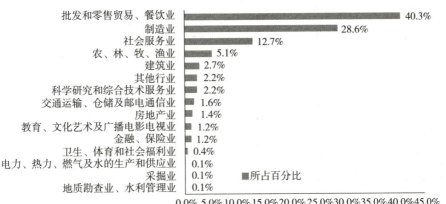

图6-2-4　各行业新设企业比重图

从新设企业的行业结构上看，产业结构呈现优化趋势。在排名前三的行业中，作为第三产业的批发和零售贸易、餐饮业，以及社会服务业的新增企业占比达53.0%，接近作为第二产业主体的制造业的两倍，有力地推动"三产"超"二产"。

从新设企业的行业性质上看，排名居首的批发和零售贸易、餐饮业主要属于劳动密集型的传统产业，以科学研究和综合技术服务业等现代服务业为代表的新兴产业占比偏小。但值得注意的是，十年来，科学研究和综合技术服务业的年均增长率高达25.1%，居所有行业榜首，表明浙江省知识经济、创新驱动等"软实力"增长步伐加快。

同时需要指出的是，采掘业，电力、热力、燃气及水的生产和供应

业、卫生、体育和社会福利业等由于资源垄断，缺乏竞争，近十年新设企业呈逐年减少趋势。

### 三、杭、甬、温占据新设企业半壁江山，地市在新兴产业中的比较优势不甚明显

2005—2014 年，浙江新设企业地区分布不平衡，如表 6-2-3 和表 6-2-4 所示，位列新设企业占比全省前三的地市分别为杭州（25.0%）、宁波（18.2%）和温州（12.0%）。上述 3 个地市的新增企业比重合计（55.2%）超过其余 8 个地市的比重合计（44.8%）。

表 6-2-3　2005—2014 年地市新设企业比重与 GDP 排名

| 城市 | 2005—2014 年新设企业比重/% | 2005—2014 年新设企业比重排名 | 2005—2014 年历年 GDP 总量排名 |
| --- | --- | --- | --- |
| 杭州 | 25.0 | 1 | 1 |
| 宁波 | 18.2 | 2 | 2 |
| 温州 | 12.0 | 3 | 3 |
| 金华 | 9.8 | 4 | 7 |
| 绍兴 | 8.6 | 5 | 4 |
| 台州 | 8.2 | 6 | 5 |
| 嘉兴 | 7.7 | 7 | 6 |
| 湖州 | 4.0 | 8 | 8 |
| 衢州 | 2.4 | 9 | 9 |
| 丽水 | 2.2 | 10 | 10 |
| 舟山 | 1.9 | 11 | 11 |

表 6-2-4　2005—2014 年地市各行业新设企业比重与省平均水平差值　　　%

| 地市 | 批发和零售贸易、餐饮业 | 制造业 | 农、林、牧渔业 | 社会服务业 | 科学研究和综合技术服务业 |
| --- | --- | --- | --- | --- | --- |
| 杭州 | +8 | -17 | -3 | +5 | +3 |
| 宁波 | -6 | +8 | -2 | -2 | -1 |
| 温州 | -5 | +3 | +2 | -1 | -1 |
| 金华 | +6 | 0 | -1 | -2 | -1 |
| 绍兴 | 0 | +6 | -1 | -4 | -1 |

续表

| 地市 | 批发和零售贸易、餐饮业 | 制造业 | 农、林、牧渔业 | 社会服务业 | 科学研究和综合技术服务业 |
|---|---|---|---|---|---|
| 台州 | -12 | +12 | +3 | -4 | -1 |
| 嘉兴 | -5 | +10 | -2 | -3 | -1 |
| 湖州 | -6 | +3 | +1 | -1 | -1 |
| 衢州 | -7 | -12 | +17 | -2 | -1 |
| 丽水 | -9 | -12 | +11 | 0 | -1 |
| 舟山 | -4 | -14 | -2 | +3 | -1 |

注：
(1) "+""-"分别表示该行业新设企业比重高于、低于省平均值；
(2) 由于篇幅原因，本报告仅分析与省平均水平差值大于等于3个百分点的行业。

总体来看，11个地市新设企业比重排名与GDP总量排名基本吻合。这表明一个地区新设企业数量的多少与经济发展水平的高低正相关，可能原因是经济发展为创业提供资金、人才、市场等支持，而活跃的创业市场则能进一步推动地方经济发展，从而形成良性循环。需要注意的是，金华新设企业比重排名高出GDP总量排名3个位次，这可能预示着金华在新一轮经济发展中的巨大潜能。

从行业来看，在批发和零售贸易、餐饮业，制造业及农、林、牧、渔业3个行业中，地市新设企业的比重差异较大。杭州和金华2个地市，宁波、绍兴、台州、嘉兴4个地市，衢州、丽水2个地市分别在上述三个行业中表现活跃。我们认为，受制于区域企业集群的创新网络和路径依赖的影响，各地市在传统产业领域的优势已相对固定；与之相对，社会服务业、科学研究和综合技术服务业新设企业占比在全省范围相对均衡。这说明新兴产业领域地市差距尚未显著拉开，各地市仍有比较大的发展空间。

## 四、结语

从浙江新设企业的十年发展历程可见，创新创业发展的巨大潜能蕴藏在制度变革之中。当前，面对经济发展的新形势，仍然必须依赖"改革的红利"，通过营造有利于调动广大民众积极性的政策环境，才能推动"大众创业"，为浙江经济发展提供持续动力。

同时需要注意的是，通过创新创业推动经济发展，不能简单地体现在新设企业的数量增长上，更要关注新设企业质量的提升。因此，各级政府部门要抢抓新一轮经济发展的机遇，坚持有扶有控、有保有压，一方面，要注重培育壮大新产品、新业态，促进新兴产业加快发展；另一方面，要加快传统产业改造步伐，使创新创业创造更高价值。

在数字经济时代，算力正在成为一种新的生产力，广泛融合到社会生活的各个方面，为千行百业的数字化转型提供基础动力。数据中心是算力的物理承载，是数字化发展的关键基础设施。近年来，国家高

拓展阅读：什么是数字经济

度重视数据中心产业的发展，《"十四五"规划和2035年远景目标纲要》中明确提出"加快构建全国一体化大数据中心体系，强化算力统筹智能调度，建设若干国家枢纽节点和大数据中心集群，建设E级和10E级超级计算中心"。工业和信息化部、国家发展和改革委员会等先后出台《新型数据中心发展三年行动计划（2021—2023年）》《全国一体化大数据中心协同创新体系算力枢纽实施方案》等重要政策文件，有效规范了我国数据中心产业的发展。

当前，我国数据中心产业正由高速发展向高质量发展全面演进。在布局方面，《全国一体化大数据中心》《新型数据中心》等政策文件的出台及"东数西算"工程的实施，为数据中心协同、一体化发展指明了方向，推动全国数据中心产业布局不断优化。未来，我国数据中心市场仍将保持高速增长，产业布局及生态也将不断优化，可为用户提供泛在、智能、可靠的算力资源。

## 训练题

1. 描述数据分析报告的主要结构。
2. 简述数据分析报告的类型。
3. 登录艾瑞网，选择一份数据分析报告，仔细研读并分享给大家。

# 参 考 文 献

[1] 周庆麟，周奎奎．精进 Excel 图表——成为 Excel 图表高手［M］．北京：北京大学出版社，2021.
[2] 周庆麟，胡子平．Excel 数据分析思维、技术与实践［M］．北京：北京大学出版社，2021.
[3] 沈凤池．商务数据分析与应用［M］．北京：人民邮电出版社，2020.
[4] 神龙工作室．Excel 高效办公数据处理与分析［M］．北京：人民邮电出版社，2021.